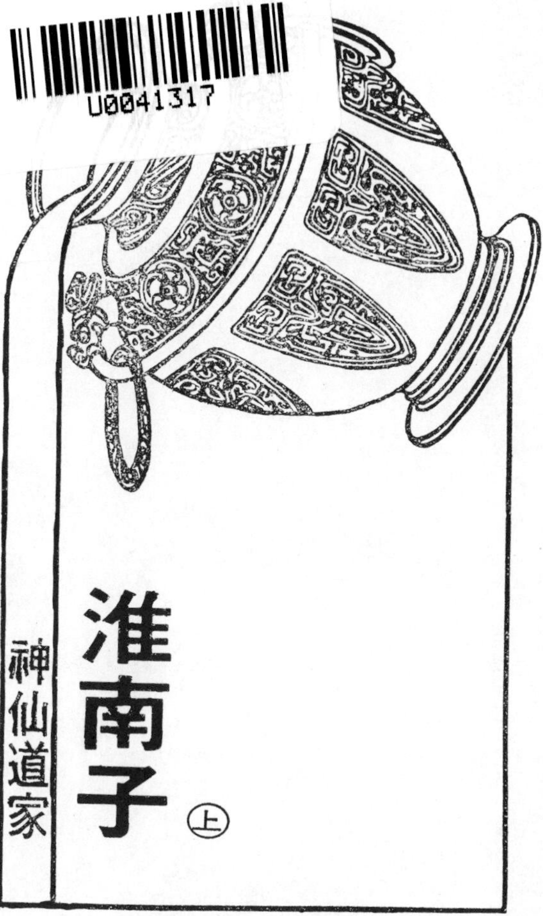

神仙道家

淮南子 (上)

ISBN 957-13-1480-3

原作者簡介

淮南子

淮南子的作者為淮南王劉安，劉安是淮南厲王劉長的長子。他善於寫文章詞賦，漢武帝很器重他。他又很喜歡道術，當時天下的方術之士，很多人都歸在他的門下。所以淮南子是劉安和他的門下客蘇飛、李尚、左吳、田由、雷被、毛被、伍被、晉昌及儒者大山、小山等人，共同講論各家的學說，而著成了這部書。後來因為他想要謀反，被發覺以後，漢武帝派人去捉他，他畏罪自殺了，漢廷就把他的封地改為九江郡。

編撰者簡介

呂凱

民國二十五年生。

學歷：國立政治大學中國文學系畢業，政治大學中國文學研究所文學碩士。國家文學博士。

經歷：政治大學中國文學系講師、副教授、韓國成均館大學校客座教授。政治大學中文研究所副教授、教授。

現職：國立政治大學中國文學研究所教授兼所長。

著作：「湯顯祖南柯記考述」、「明代傳奇尚律崇辭二派之比較研究」、「管子研究」、「鄭玄之讖緯學」、「魏晉玄學析評」等書，及其他學術論著多種。

致讀者書

敬愛的朋友們：

淮南子這部書，是一部雜家的著作。雜家的著作，最重議論，他們的議論博引多家，所以稱爲雜家。淮南子就是這樣性質的一部書。它究竟雜到什麼程度呢？我們看看它的篇目就可以明白了。它的篇目分別爲：原道、俶眞、天文、地形、時則、覽冥、精神、本經、主術、繆稱、齊俗、道應、氾論、詮言、兵略、說山、說林、人間、修務、泰族、要略。這些篇中，除了要略是總序以外。其他有對宇宙來源的討論，有對天地開闢的分析，有對天文的研究，有對地理的說明。舉凡天地陰陽，四時五行，幽冥感應，論氣守神，無所不言；天理人事，古今得失，用兵致勝，草木怪奇，無所不論。所以讀了這部書以後，不但可以博古，而且有助通今。

這部書雖然是古說並陳的雜家著作，但是也有它的宗旨。淮南子大抵以道家爲歸，立意近於老子。其中所談的淡泊無爲，蹈虛守靜，和出入守常方面，都非常的精闢。而寓言諷世，亦很有趣味。像俶眞訓裏，就有這樣的記載：「夢中變爲飛鳥，而飛翔於天空；夢中變成游魚，而潛入了淵中。當他在夢中的時候，他根本不知道他在做夢。等他醒來的時候，他才知道他在做夢。現在一定要有大的覺醒，然後才能夠知道，現在正是在大夢之中呢。」像這樣有趣味的話和富麗的文章，在淮南子裏，比比皆是。因爲這樣的緣故，所以這部書又叫做「鴻烈」，鴻是大的意思，烈是明的意思，合起來就是大明道的意思。

朋友們！我們要想知道人世間治亂之道和存亡禍福，以及詭誕怪異珍貴奇特的事，或是想要對道家更深入了解的話，去讀淮南子，是最好的書了。尤其是善於著作的朋友們！自古以來，先賢通儒在著作時沒有不採用淮南子的。我們能夠輕易的放過它嗎？能夠不重視它嗎？

呂凱 敬啓

目錄

淮南子(上)
神仙道家

卷第一 原道訓

卷第二 俶真訓 九七

卷第七　精神訓　二〇一

卷第八本經訓

卷第九主術訓

卷第十二 道應訓

卷第十五兵略訓　四一六

卷第二十　泰族訓　

淮南王的身世和著作

㈠淮南王的身世

1.淮南王的父親是私生子

淮南王劉安，是漢高祖的孫子，是淮南厲王（原封爲淮南王）劉長的大兒子。劉長是漢高祖的少子。他的母親原來是趙王張敖的美人。在漢高祖八年的時候，高祖從東垣到趙國來，經過趙都，趙王張敖把美人趙氏㈠獻給了高祖，趙美人就是淮南厲王劉長的母親，因爲得幸於漢高祖而懷了身孕。趙王張敖不敢再把她收在宮中，特別給她建築了一座外宮，讓她住進去。因爲趙王張敖的王后，是漢高祖的女兒魯元公主，漢高祖是張敖的岳父。所以漢高祖經過趙國的時候，常叱罵趙王。趙國的丞相貫高，憤恨漢高祖對趙王張敖無禮，偷偷地瞞着趙王張敖，在名叫柏人的地方埋伏下人來，準備暗殺漢高祖，但是漢高祖經過柏人的時候，心裏動了一下，就問他的部從：這是什麼地方？他的部從說這地方叫柏人。漢高祖認爲柏人和「迫人」的聲音、意義都很相近，所以就沒有在這個地方停留。後來有人向漢高祖密告這件事，漢高祖知道了以後，非常生氣，不但把貫高和他的同黨逮捕起來，連同趙王張敖也逮捕了，並且把張敖的母親、兄弟、美人全部收捕起來解繫在河內，厲王的母親趙美人也在解繫之中。趙美人當時告訴監管的官吏說：她曾經得幸於漢高祖而懷了身孕。監管的官吏就把這件事情向漢高祖報告了。這時候漢高祖正在對趙王生氣的時候，就沒有答理厲王母親的事。厲王母親的弟弟趙秉，請託辟陽侯審食其把這件事告訴呂后，請呂后再和漢高祖說，可是呂后妬嫉趙美人，不肯和漢高祖說，而辟陽侯審食其也沒有盡力勸呂后去和漢高祖說。等到厲王的母親生下了厲王以後，非常的憤怒，於是就自殺了。這時候監管的官吏，只好抱着厲王去見漢高祖，漢高祖見了非常後悔，就使呂后作厲王的母親來養厲王，並把厲王的母親葬在眞定，因爲眞定是厲王母親的老家，她的先世，世世代代都住在這裏。

2.劉長初封爲淮南王

漢高祖十一年十月的時候，淮南王黥布反叛漢高祖，漢高祖就把自己的少子劉長封爲淮南王。將黥布作淮南王時的封地，全部封給了劉長，共包括九江、廬江、衡山、豫章四個郡。漢高祖親率兵消滅了黥布，劉長就正式即位爲淮南王。

3.劉長爲母親報仇

淮南厲王劉長，因爲自小就失去了母親，所以很親附呂后和孝惠帝。因此，在呂后當政的時候，很能得到寵幸，也沒有像其他的劉氏子弟遭到禍患和迫害。雖然心裏常常怨恨辟陽侯審食其，可是不敢公然發作出來。等到孝文帝剛即位不久的時候，劉長以爲和孝文帝最親近，行爲漸漸的傲慢不遜起來了，而且常常不遵守法度。孝文帝因爲他是兄弟的緣故，常常寬宥他。到孝文帝三年的時候，劉長到京師來朝見天子，行爲更加蠻橫了。同皇帝到苑囿中去打獵，還和皇帝同乘一輛車子，不稱皇帝爲君上，而以「大兄」來稱呼皇帝。厲王有材幹而且力氣很大，他的力氣能夠舉起重鼎。這個時候，他就去請見辟陽侯審食其，辟陽侯審食其出來見他，他就從袖中把預藏的鐵椎取出來，用鐵椎打辟陽侯審食其，並使跟隨他的人刺殺辟陽侯。將辟陽侯殺死以後，厲王就很快的奔馳到闕下，肉袒着上身，向皇帝謝罪說：臣的母親不應該連坐趙國丞相貫高謀反的事，那個時候，辟陽侯審食其有力量使呂后向高祖說明我母親懷孕的事情，呂后不去說，辟陽侯審食其竟不勸她，這是他第一個罪名。趙王如意和他的母親戚夫人，子母二人都沒有罪，呂后竟然把他子母殺了，辟陽侯眼看着不去勸呂后，這是他第二個罪名。呂后當政，封諸呂爲王，來危害劉氏，辟陽侯也不去勸她，這是他第三個罪名。臣現在謹爲天下誅除賊臣辟陽侯！報我母親被寃死的仇恨，現在敬伏在闕下請罪！孝文帝對厲王替母親報仇的心志，很感傷，因爲和厲王有兄弟之親的緣故，所以沒有治他的罪，而把厲王赦免了。

4. 劉長由驕橫而謀反

厲王劉長殺了辟陽侯審食其以後，這時候，上自薄太后和太子，下及衆大臣，都很畏懼厲王。因爲這個原因，厲王離開了京師回到了淮南。歸國以後，更加驕橫恣睢，不用漢廷的法令。出入擬於天子稱警蹕，發令比於皇帝稱制。自己制法作令，全部仿傚天子。在文帝六年的時候，使男子但等共計七十人，跟棘蒲侯柴武太子名叫奇的，計劃用輂車四十輛，在谷口地方謀反。並且派人出使閩越、匈奴想要連接共同造反。事情被漢廷發覺了，用法來制裁他，並派使者召淮南王劉長，淮南王劉長到了長安，由原來的王者，而變成了待罪之囚。

5. 劉長的罪狀

劉長到了長安，由丞相張蒼、典客馮敬、行御史大夫事宗正逸、廷尉賀、備盜賊中尉福、共同向皇帝上劉長的罪狀說：「淮南王劉長，擅自廢除先帝的遺法，不奉天子的詔命，居住的地方不合法度，造黃屋，乘輿加蓋。進出和天子的儀駕一樣。私自擅造法令，而不用漢的法令，他所設置的官吏也與漢法不合。他以郎中春做他的丞相，廣收漢和諸侯的人材，以及有罪逃亡的人，都把他們隱藏起來，給他們居處，給他們治產，賞賜他們財物、爵祿、田宅。賜爵之高，或有高到關內侯的，奉秩之高，竟有高到二千石的，這都是天子以外所不應該得的爵祿。劉長這麼做，是想要另有作爲的。又大夫但和士伍開章以及其他合起來七十個人，同棘蒲侯的太子奇一起造反，想要危害宗廟、社稷。這些叛徒使開章暗地裏告訴劉長，並計劃派使者到閩越和匈奴共同發兵謀反。開章到了淮南見淮南王劉長，劉長常常和開章坐在一起談話和吃飯。並給他房子，給他娶妻子，以二千石的俸祿供給他。開章使人告訴大夫但說：已經和淮南王說好了。淮南王的丞相春，派使者回報大夫但等那些想要謀反的人。漢廷的官吏發覺以後，就派長安尉奇等一批人，去追捕開章，劉長把開章藏起來不交人犯，並且和以前的中尉蕳忌謀殺開章來滅口。用棺槨衣衾把開章葬在肥陵邑，欺騙漢吏說：不知道開章在什麼地方。又假裝聚土堆成墳，在墳上立一個表誌說：開章死埋此下。以及劉長親自殺害無罪的一個人，令他的官吏枉殺無罪的六個人，作爲亡命當棄市罪的替身，而詐稱捕獲了亡命的人，而爲眞正亡命的人來脫罪。他私自加罪於人，沒有人告訴和彈劾，而將城旦舂等以上十四人加以繫治。私自赦免罪人死罪十八人，城旦舂以下五十八人，私自賜給人爵位關內侯以下九十四人。前時劉長生病，陛下對他憂心痛苦，派使者賜給他書信棗脯，劉長不想接受賞賜，也不肯拜見使者。南海郡民住在廬江界中的人謀反，淮南官兵攻打這些反叛的人，陛下認爲淮南的百姓很貧苦，派使者賞賜劉長帛五千匹，使淮南王賞給官兵出征勞苦的人，劉長不想接受，欺騙皇帝說沒有勞苦的人。南海郡民王織上書給皇帝，向皇帝獻璧，蕑忌私下將書燒掉，不使皇帝知道。漢廷官吏請求召治蕑忌之罪，劉長不放人，騙說蕑忌病了，丞相春又向劉長請求，希望進去見他，劉長大怒說：你想要背離我自己附漢嗎？以上這些罪狀列舉出來，劉長應該斬首棄市，臣等請依法治他的罪。」

6. 孝文帝對劉長的寬容

劉長經五位大臣議定當斬首棄市後，漢文帝下令說：朕不忍心把重刑加到淮南王的身上，希望再和列侯二千石衆臣共同商議。於是經張蒼、馮敬、臣逸、臣福、臣賀等又向漢文帝報告說：臣等和列侯吏二千石臣嬰等四十三人共議，大家一致認爲劉長不奉法度，不服從天子的詔令，並且暗中聚集黨徒和謀反的人，厚養亡命之徒，想要有所行動，我們大家共議，依法定罪。漢文帝又下令說：朕不忍心加罪於淮南王，希望赦掉劉長的死罪，廢掉他的爵位不再稱王。於張蒼等衆大臣建議說：

劉長有大罪當死，陛下不忍加罪於他，他幸運能被赦免，廢掉他的爵位不再稱王，臣等請陛下出令，把劉長放置在蜀郡的嚴道邛郵，送他的妾媵有子的跟去一起住。所住的縣驛，由公家替他築蓋家室，並由公家供給他稟食，同時供給他薪柴、蔬菜、食鹽、豆豉、做飯吃飯的器具以及蓆、蓐等。衆大臣並建議，請皇帝將此事布告天下。漢文帝復下令說：計給劉長的食物，每天供給他肉五斤，酒二斗。並使他原來的美人和才人得他歡心的十人，跟他居住在一起。其他的都按諸大臣的建議好了。並將和淮南王謀反的人，全部誅殺。於是就把淮南遣送上路，用輜車載送他，使各縣驛依次傳送。

7. 劉長之死

當劉長傳送上路的時候，袁盎諫漢文帝說：您平素太驕縱淮南王了，沒有給他請嚴格的老師，沒有給他立嚴格的丞相，疏於防範，所以才到這樣的地步。而且淮南王爲人非常剛強，現在突然間給他這樣的打擊和挫折。我怕他忽然之間遭到寒熱而感冒，病死在路上，您就會被人加以殺弟之名，像這樣子的話該怎麼辦呢？漢文帝說：我只不過讓他受點苦而已，現在就叫淮南王回來吧！但是各驛站傳送淮南王的人，都不敢打開車上的檻封，而使淮南王一直囚在檻車裏。於是淮南王就和侍奉他的人說：誰說老子是個勇敢的人，我怎麼能稱得上勇呢？我因爲驕蠻，所以聽不到我的錯過，以至到了這樣的地步。人生一輩子在世間，怎麼能夠這樣不快樂呢？於是就絕食而死。傳送到雍縣，雍縣的縣令打開了囚車上的檻封，就把淮南王已經死亡消息奏聞給皇帝。漢文帝聽到這個消息以後，哭得很哀傷。同時告訴袁盎說：我沒有聽你的話，結果還是使淮南王死了！袁盎說這也是沒有辦法的事，希望陛下自己寬心，不要太過悲傷。漢文帝問袁盎說：現在該怎麼辦呢？袁盎說：只有斬丞相、御史來向天下謝罪才可以。漢文帝就派丞相、御史將那些傳送淮南王而不開檻封和不給食物及侍奉的人，加以考查推問。推問的結果，這些人全部斬首棄市。並且用列侯的禮儀，把淮南王埋葬在雍縣。守冢的有三十戶人家。

8. 劉安兄弟的封侯

劉長死後，到了漢文帝八年的時候。漢文帝對淮南王劉長的死，非常痛惜。淮南王有四個兒子，都才七、八歲。於是封劉長的長子劉安爲阜陵侯，依次封劉勃爲安陽侯，封劉賜爲周陽侯，封劉良爲東城侯。

9.感傷的民歌

漢文帝十二年的時候，民間出現了一個歌謠，唱淮南厲王的遭遇道：「一尺布尙可縫，一斗粟尙可舂，兄弟二人不能相容。」意思是說：一尺布還可以縫來兄弟共穿，一斗粟還可以舂來兄弟共食，天下那麼廣大兄弟二人怎麼不能相容呢？漢文帝聽了這個歌謠以後，就歎息着說：唐堯、虞舜放逐共工、三苗、伯鯀、驩兜同姓之親；周公殺了管叔、蔡叔，天下稱堯、舜、周公爲聖人。這是什麼原因呢？因爲堯、舜、周公不以私利害公益啊！現在有這樣的歌謠出現，難道是以爲我想貪圖淮南王的土地嗎？於是就改城陽王爲淮南王，封給他淮南王劉長作淮南王時的全部土地。同時追尊謚號給淮南王劉長爲「厲王」。葬處置陵園，和諸侯的禮儀相同。到漢文帝十六年的時候，又改封淮南王劉喜復爲原來的城陽王。而淮南王所轄的故地又空出來了。

10. 劉安兄弟的封王

漢文帝對於淮南厲王廢除朝廷的法度，圖謀不軌，自己使自己失去封國，以致早死，非常的憐惜悲傷，改封淮南王劉喜爲原來的城陽以後，就封淮南厲王的三個兒子阜陵侯劉安爲淮南王，安陽侯劉勃爲衡山王，周陽侯劉賜爲廬江王，全部又得到了厲王劉長爲淮南王時的封地，而把它分成了三分，使他們兄弟都封了王位。東城侯劉良，因爲在此以前就死了，又沒有後裔，所以只有三王了。

11 七國之亂淮南王劉安幸得保全

在漢景帝三年的時候，吳、楚、趙、膠西、膠東、菑川、濟南七國謀反。吳派使者到淮南約淮南王同反，淮南王劉安想要發兵響應七國之亂。淮南王劉安的丞相說：大王一定想要發兵響應吳國，我希望爲將率兵相應。淮南王於是將兵權交給了丞相，淮南王的丞相得到兵權以後，因城設防，以兵自守，不聽淮南王的命令應吳，而以兵助漢。這個時候，漢亦派曲城侯蟲捷率兵來救淮南，淮南因爲這個緣故得以保全。吳派使者到廬江約廬江王同反，廬江王不答應。但常常派使者和越來往。吳派使者到衡山約衡山王同反，衡山王堅守城池，毫無二心。到了孝景帝四年，吳、楚等七國已破，衡山王去朝見天子，天子認爲衡山王忠貞誠信。於是慰勞衡山王的辛苦說：南方低濕，改封衡山王爲濟北王，這麼做是爲了褒獎衡山王。等到濟北王劉勃死了之後，於是就賜給他一個謚號爲「貞王」。廬江王與越都鄰邊，常常派使者和越相交往，所以把廬江王改封爲衡山王，以江北爲王的封地。淮南王的封地仍然和原來一樣。

12. 淮南王劉安的好惡和積恨

淮南王劉安的性格，喜歡讀書和彈琴，不喜歡射箭打獵和犬馬馳騁。同時也想用暗地施惠於人的方法，來撫慰百姓，使他的善譽傳滿了天下。時時刻刻都憤恨怨望厲王的死。亦時時刻刻想要反叛爲逆，但是沒有藉口。

13. 武安侯對劉安的慫恿

到漢武帝建元二年的時候，淮南王入朝朝見天子。他和武安侯田蚡一向交情都很好，這時候武安侯田蚡爲太尉，到霸上去迎接淮南王，對淮南王說：現在皇帝沒有皇太子，大王您是高祖的親孫子，行仁義於天下，天下沒有不知道的，等到天子有一天晏駕升天了，除了大王以外，誰當繼立呢？淮南王劉安聽了這話非常的興奮，送了很多的金錢和財物給武安侯田蚡。暗中結交賓客，撫慰百姓，進行他叛逆的計劃。

14. 彗星出現和諂諛之士的蠱惑

在建元六年的時候，天空出了彗星，淮南王劉安心裏覺得奇怪。這時候有人游說淮南王道：以前吳軍起兵時，彗星出現了，長度只有幾尺，然而竟造成了流血千里的戰爭局面。現在的彗星，長度與天一樣，天下戰亂應該要大起了。淮南王心裏以爲這個徵兆是皇帝沒有太子，天下將變動，諸侯將並爭天下。所以他就更加積極的整治器械和攻戰之具，聚積金錢。以錢財賄賂買通郡國諸侯。那些游士們，奇材異能的人，諸辯士們有方略的人，隨便造出來妖言惑衆的話，來諂諛淮南王。淮南王心裏非常歡喜，把很多金錢賞賜給他們，而謀反的意思愈來愈積極！

15. 劉安與漢廷的間諜戰

淮南王劉安有一個女兒名叫劉陵，劉陵非常聰明，口才好又很會講話。淮南王非常喜歡她，常常給她很多的金錢，派她到中央去偵候長安的動靜。同時交接天子左右親近的人。元朔三年的時候，漢武帝賜淮南王几杖，同時可以不要到朝廷去朝見。淮南王的地位就更高了。淮南王的王后，名叫做荼，淮南王對她非常的寵幸，王后生了一位太子，名叫做劉遷，劉遷娶了皇太后的外孫修成君的女兒爲太子妃。淮南王計劃造反，都很畏懼太子妃知道了內情，而把事情外泄。於是淮南王和太子計劃，使太子假裝不愛太子妃，三個月沒有和太子妃同席。淮南王又假裝對太子生氣，把太子關起來使他和太子妃同房三個月，而淮南王太子在這三個月中，一直沒有接近過太子妃。於是太子妃就要求離開淮南王太子。淮南王就上書謝罪而把太子妃送了回去。這時候淮南王后荼、太子遷和女兒陵，皆得到了淮南王的寵幸，擅專國家的權柄，侵奪百姓的田宅，隨隨便便的把無罪的人綁起來打。

16. 雷被事件與淮南王的謀反

元朔五年的時候，淮南王太子學用劍，他自己以爲自己的劍術，沒有人能夠比得上。他聽說郎中雷被的劍術很精。他把雷被召來以比劍作遊戲，雷被一再的退讓，失手下之，誤中了太子。太子非常生氣，而雷被心裏更爲恐懼。這時候朝廷有規定，凡是想要從軍的人，就可以到京師去。雷被就志願去奮擊匈奴。可是淮南王太子遷，多次的在淮南王那裏說他的壞話，淮南王使令中郎斥免雷被郎中之官而不使他到京師從軍奮擊匈奴，使以後的人不敢再學雷被這種方法。雷被在這種情況之下，遂偷偷地逃亡到了長安，並上書給皇帝告發淮南王來自明自己無罪。漢武帝下詔把雷被的告章交付廷尉和河南尹共同治辦此事，河南尹派人追捕淮南王太子到河南來治罪。淮南王和王后計劃不交出太子來，乘這個時機發兵謀反，計劃猶豫了十多天沒有決定。正好又遇到天子下詔就淮南案問淮南太子。當這個時候，淮南相對壽春丞順淮南王的意思不遣送太子的事非常生氣，彈劾壽春丞大不敬。淮南王向淮南相請求不要彈劾壽春丞，淮南相不答應。淮南王使人上書給皇帝告淮南相，朝廷把這件案子交到廷尉來審問，有迹象顯示事情牽連到淮南王。淮南王就派人伺察漢廷公卿們的舉動，公卿們請漢武帝把淮南王抓來治罪。淮南王這時候很怕謀反的事被發現，太子遷進一個計劃說：漢使假使要逮捕王的時候，王可以使人穿着衞士的衣服，手裏執着戟在廷中，王的身有不對的時候，就刺殺他們。我也使人去刺殺淮南中尉。然後再舉兵反也不晚。這時候漢武帝沒有允許公卿請求逮治淮南王的事，而派遣漢中尉殷宏到淮南向淮南王問驗這件事情。淮南王聽說漢使者要到淮南來，就照着太子暗中設計的埋伏計劃行事，漢中尉殷宏到了淮南，淮南王見殷宏臉上顏色和氣，問淮南王的僅僅是斥退雷被的事情而已。淮南王自己猜想沒有什麼罪，就沒有發動他的埋伏。漢中尉殷宏回朝把淮南王的情形向漢武帝報告了。公卿們辦理這件案子的人說：淮南王劉安，擁遏阻止應募奮擊匈奴的人，雷被等人，爲淮南王被閼而不能成行，應該明令斬首棄市。漢武帝下詔不答應這樣做。公卿們又請漢武帝廢除淮南王的爵位，不再稱王，漢武帝下詔不答應。公卿復請漢武帝削減淮南王五個縣，漢武帝下詔削除淮南王二個縣。並派中尉殷宏帶着赦免令，赦除淮南王的罪名，僅僅罰淮南王削減土地。漢中尉殷宏入了淮南界，就宣言赦淮南王。但是淮南王開始聽說漢公卿要求誅殺他，不知道結果是削地。聽說漢使者已到，恐怕漢使者來捕捉他，和太子計劃刺殺漢使者，依照以前的計劃進行。但是等到漢中尉到了淮南馬上向淮南王道賀，淮南王因爲這個緣故沒有發動謀反的計劃。

17. 削地後的積極行動

淮南王劉安被削地以後，他很傷心的說：我所行的是仁義之道，而竟遭削地的懲罰，眞是感到恥辱！所以他被削地以後，謀反的計劃，進行得更爲積極了。諸使者從長安路過來到淮南的人，說些妖妄荒誕的話，說到漢武帝沒有兒子以及漢廷不能治理的話，淮南王就很高興；如果說漢廷治理得好，武帝有兒子的話，淮南王就很生氣，以爲這些人隨便亂說，並不是事實！淮南王常常整天整夜和伍被、左吳這班人，案驗地圖，部署軍隊，指出何處可以進兵。淮南王說：現在天子沒有太子，天子一旦晏駕以後，漢廷大臣，一定徵膠東王爲天子，不然就徵常山王爲天子。這時候諸侯羣起並爭，我怎麼可以沒有準備呢？再說我是高祖的孫子，最爲親近，行事合於仁義，天子對待我又很恩厚，我能夠忍耐，但天子死後，我難道還能夠北面臣事小孩子嗎？因此淮南王謀反的行動就更積極了。

18. 伍被的勸諫

淮南王謀反的行動更加積極之後，坐在東宮，召將軍伍被和他計劃說：軍將請上來，伍被悵然若失的說：當今天子寬赦了大王，大王怎麼又提起了這些滅亡國家的話呢？我聽說從前伍子胥諫吳王夫差，吳王夫差不用他的話，「伍子胥就說：我現在就要看到姑蘇臺變成苑囿，而成爲麋鹿游居的地方了。」我現在亦將要看到宮裏長滿荆棘，而晨露將會沾滿衣裳了。淮南王聽了大怒，把伍被的父母縲繫起來，囚禁三個月。然後又召伍被對他說：將軍答應我的計劃嗎？伍被同答說：不！我特地來替大王設法而已，絕不贊成你謀反。臣聽說耳朶靈敏的人，不聽於有聲，而聽於無聲；眼睛靈敏的人，不見於有形，而見於未形；所以聖人做什麼事，什麼事都能保全。譬如，從前的文王，一舉事而功業顯耀於千世之後，列爲夏、商、周三代盛世之一。這就是所說的順着天心而動的結果。所以海內的諸侯，沒有盟會約定而都隨着他一起擧事，這是在千歲之後仍然可以見到的事。再說百年前的秦，和近世的吳國楚國，亦足夠來明喩國家的存亡了。我不敢逃避伍子胥被誅殺的命運，希望大王以吳楚爲戒而聽臣的勸告。從前秦滅絕先王的道統，殺方術之士，燒掉詩書，拋棄禮義，崇尙詐力，加重刑罰，把遠在海邊的糧食，運到西河。當那個時候，男子努力快耕，食糟糠尙且不夠；女子盡力紡績，蓋形體尙且不足。又派遣蒙恬去修築長城，東西長達數千里。而暴露在外的軍隊，常常有幾十萬，死亡的人更是數不淸。僵仆的屍體遠達數千里，血液流滿了田野。天下的百姓，人窮財竭，想要作亂的人，十家裏面就有五家。始皇又派徐福到海中去求神仙和珍異奇物。徐福囘來造出假話說：臣看見海裏面的大神，大神對我說：你是西皇的使者嗎？臣囘答大神說：是的！大神問臣：你來求什麼？臣囘答說：希望請求賜給延年益壽長生不老的仙藥。大神說：你們秦王的禮送的不夠，仙藥可以看看，但是不能拿囘去！就任意的放臣向東南到蓬萊山，看見靈芝做成的宮殿，有使者他的皮膚是銅色，他的形體像龍，光耀上照於天。這時候臣就再拜向大神問道：應該用什麼財寶來獻，才能得到長生不死的仙藥呢？海神囘答說：用良家童子及童女，和其他百工之事，就可以得到了。秦始皇帝聽說之後，非常的高興，遣派童男童女三千人給徐福，並送了很多五穀的種子，和百工的用具而遠航海外。徐福在海外找到了陸地，上面有平原和大澤，就居住在那裏自己稱王而不回來了。於是，百姓們非常的悲痛，想要起來作亂的人，十家裏面就有六家。秦始皇又派尉佗，越過五嶺，攻打百越，尉佗知道中國疲乏到了極點，就住在南越自己稱王而不回來了。使人上書給秦始皇，請求無丈夫的女人三萬人，用來作士卒們的衣補工作。秦始皇帝答應他一萬五千人。於是，百姓們離心，人心瓦解。想要起來作亂的人，十家裏面就有七家。這時候有人和高皇帝說：是可以起事的時機了！高皇帝回答說：等待一些時候吧！聖人應起於東南之間！不到一年，陳勝和吳廣就發難了。高皇帝開始在豐沛起事，倡導天下，天下不用約會而響應的人，不知道有多少。這就是所說的乘其病弊，待其時機，順着秦走向滅亡的道路而發動的。漢高祖的發動，天下的百姓都希望這樣，就像旱天百姓們希望下雨一樣。所以雖然出身在行陣之間，而最後終立為天子。功勞高過三代，德業傳於無窮。現在大王您只看見高皇帝得天下太容易了。為什麼不再看看近世的吳楚呢？吳王濞天子賜號為劉氏的祭酒。又可以不朝天子，作四郡之衆的國王，他所管轄的地方有幾千里之廣。在他的國境之內，鑄消銅為錢，在他的國境東邊，把海水煮成鹽。上游利用江陵的水來行船，一隻船的載運量，和中國幾十輛車的載運量相等。國家富庶，人民衆多，用珠玉金銀財帛，賄賂諸侯、宗室大臣，只有竇氏沒有收他的寶貨。計劃很周詳，謀略很完善，然後舉兵向西，而在大梁被漢天子的軍隊所擊破，在孤父的地方遭了大敗仗。吳王向東逃走，到了丹徒的地方，越人擒捉了他，結果，不但身死，而且絕了後代的祭祀，被天下的人所恥笑。像吳、越那麼多的人和軍隊，反叛起來還不能夠成功，是什麼原因呢？實在說起來，是因爲吳、越違反了天道而又不了解時代的需要不需要。現在大王的軍隊，尙不及吳楚當時的十分之一，而現在天下的安寧卻比吳楚時候要勝過萬倍。所以希望大王聽我的計劃不要謀反，大王如果不聽我的計劃而謀反，現在眼看着大王所謀劃的事情一定不能成功，反而會把謀反的消息走漏了。臣聽說過，微子經過故國的時候，見到故國變成了廢墟，因而非常的悲傷，就作了一篇麥秀之歌，是悲痛殷紂王不用王子比干而作。所以孟子說：殷紂王貴爲天子，死了之後，連普通的百姓都比不上，這是殷紂王在死之前先自和天下的百姓相絕的啊，並不是他死的時候天下的百姓才拋棄他的呀！現在臣亦私下爲大王悲傷！大王拋棄千乘之國國君的尊貴，一定要等着皇帝賜給絕命之書，在羣臣之前先死在東宮！淮南王聽了伍被這樣的話，氣得怨恨在心而說不出話來，眼淚滿眶而滴不下來，就起身下階而去。

19.淮南王孫劉建的積怨和舉發

淮南王有一個庶子，名叫不害，年紀最長，淮南王不喜歡他。而淮南王的王后和太子，都看不起他，王后不把他視爲兒子，太子不把當作哥哥。不害有個兒子名字叫建，他的才能高強而且很有雄氣，常常怨恨責怪太子不把他父親當作兄弟。又怨恨當時的諸侯，都能夠分封子弟爲侯。而淮南王只兩個兒子，一個是太子，他的父親不害，卻不能夠封侯。所以劉建暗地假裝和他結交，想把太子告倒，使他的父親不害來作太子。太子知道了以後，幾次把劉建綁起來痛打。劉建對太子的暗謀，全部知道，知道太子想要刺殺漢中尉，就使他要好的朋友壽春人莊芷（漢書作嚴正），在元朔六年的時候，上書給天子說：苦味的藥雖然很難吃，對於病症卻能醫治；忠貞的話雖然很難聽，對於立身卻有幫助。現在淮南王的孫子建，才能高強，淮南王的王后荼，荼所生的兒子太子遷，常常忌害建，建的父親不害沒有罪，而王后和太子私下幾次捕捉他，想要把他殺掉。現在建在淮南，可以召他來審問，淮南王所有暗地進行的陰謀，他都知道。皇帝看了所上的書以後，就把這件事交給廷尉來治辦，廷尉交給河南尹來治辦。這個時候，以前辟陽侯審食其的孫子審卿，和丞相公孫弘很要好。他懷恨淮南厲王劉長殺了他的祖父，於是就竭力的在公孫弘面前搆陷淮南王謀反的事。公孫弘於是就懷疑淮南王有叛逆爲亂的計謀，對這件案子，深加究治。河南尹究辦這件案子，劉建的話牽連到了淮南太子和他同黨參加的人。淮南王對這件事非常憂慮，想要發動叛亂。問伍被說：漢廷是治呢？還是亂？伍被回答說：現在天下大治！淮南王心裏不高興，就對伍被說：你說天下大治怎麼證明呢？伍被回答說：我私下觀察朝廷的政治，在君臣的大義方面，父子的親愛方面，夫婦的內外分別方面，長幼的先後順序方面，都能夠得到應得的分際。當今天子的舉動措置，遵循了古代先王的遺法，社會的風俗，人倫的紀綱，也沒有任何的缺失。裝着重貨的大商人，天下到處都有，彼此交易，非常普徧。道路沒有不通的，所以商業貿易，非常的發達。南方的南越以時入貢，西南方的羌人僰人來獻方物，東南方的東甌入朝降伏。拓廣了長楡大塞，開通了朔方郡縣，斷了匈奴的右臂，傷了匈奴的羽翼，使匈奴失去援助而一蹶不振。這樣的情形，雖然比不上古代太平的時代，但說起來，仍然可以稱爲治世的。淮南王聽了非常生氣。伍被向淮南王謝罪說：臣該死！淮南王又對伍被說：山東馬上就要發生戰亂，漢廷一定會派大將軍衞青率領軍隊去平定山東。你的看法，大將軍衞青是一個怎麼樣的人？伍被回答說：我的好朋友黃義，隨着大將衞青去打匈奴，回來以後告訴我說：大將軍衞青對待士大夫們很有禮貌，對於士兵們更是施恩布惠，所以大家都很喜歡替大將軍効命。他的騎士們上山下山就像飛的一樣快速，而且才幹方面更是超人一等。我以大將軍衞青，才能這樣高強，就是常常率領軍隊和熟習戰爭的人，恐怕也不是隨便可以比得上他的。等到謁者曹梁出使長安回來，談到大將軍衞青，號令非常嚴明，對敵的時候，非常勇敢，每次都身先士卒。駐防休息的時候，在挖井還沒有得到泉水時，他就要等士卒們全部得到水以後，然後他才敢喝水。在軍士們疲乏的時候，士卒們全部渡河以後，然後他才渡河。皇太后賞賜給他的金銀財帛，他全部都分賜給軍吏們。他這樣的作風，就是古代的名將，也不過如此。淮南王聽了這些話以後，只好默默無語了。

20. 淮南王和伍被的再度討論

淮南王劉安，看着孫子建，已被漢廷徵召去推問，恐怕國內的秘密陰謀，將會被發覺。想要發動叛亂，伍被以爲難以成功。於是他又問伍被說：你認爲吳王濞起兵的事，是對呢？還是不對呢？伍被回答說：我以爲是不對的。吳王是極爲富貴的人，因爲舉兵謀反不當，而死在丹徒，頭足分爲兩處，屍首不能保全，子孫後代一人無存。臣聽說吳王失敗以後，非常的後悔。希望大王你要詳細的考慮考慮，不要蹈吳王後悔的覆轍。淮南王說：男子漢大丈夫所以決死，只不過一句話而已。再說吳王也不懂得怎麼樣舉兵反，所以使漢將在一天之內，經過成皋塞口的就有四十多人。現在我派樓緩先切斷成皋之口，派周被攻下潁川，用兵阻塞轘轅、伊闕的道路，派陳定發兵南陽，守住武關，這樣河南太守僅僅剩下雒陽而已，有什麼值得憂慮的呢？然而在此北方還有臨晉關、河東、上黨和河內、趙國。當時的人有這樣的話：斷絕了成皋的出口，天下就不能交通；扼住三川的險要，以招取山東軍隊。舉事有這樣的情勢，你以爲怎麼樣？伍被回答說：這樣做法，臣所能看出來的是禍患，而看不出來有什麼福祉。淮南王說道：左吳、趙賢、朱驕如他們，都認爲這樣做可以得福，十分就有九分成功，只有你一個人認爲有禍無福，究竟是什麼原因呢？伍被回答說：大王的羣臣和親近的人，一向能夠使用大衆的人，都已全部繫在詔獄，剩下來的，沒有可以用的人。淮南王說道：陳勝和吳廣，二人窮得連立錐的小地方都沒有，千人相聚，起兵在大澤之中，奮臂大叫，而天下到處響應。向西方進取，到了戲的地方，他的兵力已經到了一百二十萬人。現在我淮南國雖小，但是可以操執武器的人，約有十多萬。並不僅僅像有罪適(ㄓㄜ)戍到邊疆的烏合之衆，也不是拿鐮刀鋤柄當兵器的人。以這樣精良的軍隊擧事，你爲什麼偏說有禍無福呢？伍被回答道：從前秦人的作爲殘暴無道，毒害天下。秦始皇開馳道，起萬乘之駕東遊。又作阿房宮，徵收天下大半的賦稅，原在閭左無役的百姓，秦人要他們服役到邊地去。父親不能安定兒子，哥哥不能便利弟弟。政治苛刻，刑罰嚴酷。天下的人，受着煎熬的痛苦，簡直像被烤焦了一樣。這時候天下的百姓，都擧首企望着，側着耳朵細聽着，大聲悲號，向天而哭，搥着心而怨恨秦皇帝。在這種情形下，所以陳勝大聲一呼，天下的人全都響應。現在的天子(漢武帝)統治着天下，四海之內如一，廣愛所有的百姓，布德澤，施恩惠。他的口裏雖未說話，但聲音好像比雷霆還響。他的命令尚未發出，化民向善快得像神仙一般。心裏有所懷想，威嚴可以震動萬里以外。在下的人應合在上的人，像影子隨着形體，像應響跟着聲音。而且大將軍衞青的才能，不僅僅像章邯、楊熊而已。大王用陳勝、吳廣來比，伍被以爲錯了。

21 伍被的計劃和方法

淮南王和伍被再討論之後說：假如像你所說的，那不是沒有成功的希望了嗎？伍被回答說：我倒有一條愚計。淮南王說：你的計劃怎麼樣呢？伍被回答道：現在的諸侯沒有反叛的異志，百姓們也沒有怨恨之氣。北方的朔方郡，田地廣大，水草肥美，遷徙的百姓不多，不能使朔方郡人口充足。我的愚計是：可以假造作丞相、御史的請書，把郡國的豪傑和任俠的人，以及犯耐罪㊁以上的人，假作赦令，免去他們的罪，家產有五十萬以上的，把他們的家屬都遷徙到朔方郡。並多派士兵，催促他們限期遷徙。再假造作左右都司空，上林中都官、詔獄書，逮捕諸侯太子和幸臣。這樣做的話，百姓一定怨恨，諸侯都生恐懼。馬上派辯士去遊說他們，使他們共同謀反，或可以徼幸有十分之一的成功希望。淮南王說：這條計是可以的，雖然可以行這條計，我以為還不至於到這個地步。這時候淮南王就使官奴進宮，假造皇帝的符璽，以丞相、御史、大將軍、軍吏中二千石、都官令丞印，和旁邊鄰近郡國、太守、都尉的印，漢廷使節的法冠，想依照伍被的計劃實行。派人假裝得罪了淮南王而西入長安，去侍奉大將軍和丞相。一旦發兵的時候，馬上刺殺大將軍衞青，遊說丞相相從，就像啓發蒙童那樣的容易了。淮南王想要發動國中的軍隊，恐怕淮南相和二千石不聽他的命令，淮南王和伍被計劃，先殺掉淮南相和二千石。計定假裝宮中失火，相和二千石一定來救火，來到了，馬上就殺掉他們。但是，計劃沒有決定。又計劃使人穿着捉盜人的衣服，拿羽檄，從東方趕來大聲叫說：南越的軍隊，進入我們的地界了！想藉着這個藉口來發動軍隊。於是就派人到廬江、會稽假裝去追捕盜賊，但是結果沒有發動這個計劃。淮南王問伍被說：我舉兵向西方前進，諸侯一定有響應我的，假如沒有響應我的，該怎麼辦？伍被回答道：向南收取衡山，然後攻取廬江，據有尋陽的水軍和戰船，堅守住下雉的城池，封閉九江的江岸，斷絕豫章彭澤的出口。用彊弓勁矢守住江上，來防止南郡派兵由上流而下。東邊收取江都和會稽。南方通好強勁的百越，稱強在江、淮之間。這樣子做，仍然可以持久無患，而延長國家的壽命。淮南王說：好！這個方法不必再更改了。萬一事情緊急，逃到越去就算了。

22 反跡敗露與伏法

當淮南王謀反的計劃決定之後，這時候漢廷尉把淮南王的孫子劉建的供辭，牽連到淮南王太子遷的部分，奏給了皇帝，漢武帝就派廷尉監，因要逮捕太子，所以拜他爲淮南中尉，到淮南去捕捉淮南王太子。淮南中尉到了淮南。淮南王聽到了消息以後，就和太子計劃，把相二千石請來，計劃殺掉他們而起兵。召請相，相就來了。而內史以已經逃走沒有來爲解說。這時候漢中尉說：我受皇帝的詔命爲使者，現在不能夠見淮南王，淮南王心裏想只殺相，但是內史中尉不來，只殺了相也沒有什麼好處，於是把淮南相就放了。這時候淮南王心裏猶豫，計劃仍未決定。淮南王太子心裏想自己所犯的罪，是謀刺漢中尉，所有參加謀刺漢中尉的人，都已經死了，他認爲死無對證了。所以就跟淮南王說：羣臣之中可以用的人，都已經被關起來了，現在沒有能夠和我們舉事的人了。大王你以不適合的時機發動，恐怕不會成功，我願意奉詔命就逮。淮南王亦想苟且過去算了，因此就答應了太子去就逮。太子就自殺而未死。伍被自己去向官吏投案，並向官吏告說和淮南王謀反，謀反的事跡，全部在前面所論的事實中。漢吏因此就把淮南王太子、淮南王王后逮捕起來。

並圍住了淮南王的王宮，要全部捕捉跟淮南王參加謀反的賓客、和其他在淮南國中的參與的人。並且搜索到了謀反的器具，因而奏聞皇上。漢武帝下令交給公卿來審理這件案子。結果所牽連出來和淮南王謀反的列侯、二千石、豪傑，加起來有幾千人，全部按罪狀的輕重受到處分。

23 漢廷對淮南的判決

淮南王謀反事件，漢武帝非常重視，命諸侯王列侯丞相共議其罪。結果，以趙王彭祖及列侯臣讓等爲首四十三人共議，都一致以爲：「淮南王劉安，太大逆無道了，謀反的事情，證據非常明白，應當伏法受誅！」膠西王臣端議定淮南王的罪說：淮南王劉安，不遵守法令，行爲邪僻，時常存着奸詐虛僞之心，來迷亂天下的人，蠱惑所有的百姓，背叛了祖宗，隨便亂造妖言。春秋公羊傳上說：臣不可以想弑君，想弑君一定要受誅。劉安的罪過重於想要弑君，謀反的形跡已經確定。臣端所看見有關淮南王的書節印圖，和其他叛逆無道的行爲，事事都查驗得清清楚楚，明明白白。眞是大逆無道，應當伏他所犯的法律。參與議論國家事務的官吏二百石以上和秩比二百石的官吏、宗室近幸的臣子，不在謀反犯法以內的，不能夠相教忠於國家，應該全部免除他的官職，削去他的爵位，把他們降爲士伍，不能再做官吏。不是官吏和其他的人，用金二斤八兩來贖死罪。用這些措施，來表明臣子劉安的大罪，使天下的人，都明明白白的知道做臣子的道理，不敢再產生邪僻背叛天子的心意。丞相公孫弘、廷尉張湯等，把共議的決定奏聞天子。天子派宗正用符節去治理淮南王的罪，還沒有到，淮南王劉安就自殺了。淮南王的王后荼、淮南王太子遷，還有很多跟淮南王共同謀反的人，全部罪加滅族。漢武帝因爲伍被有很多好話，用來稱讚漢的美德，想要不殺他。廷尉張湯說：伍被最先爲淮南王設計謀反的計劃，伍被的罪是不可赦免的，於是把伍被也殺了。淮南王國被除去了，把淮南王國的土地改爲九江郡。

(二)淮南王的著作

1. 淮南內二十一篇

根據班固自注，在淮南內二十一篇下，有「王安」二字，是說明這部書爲淮南王劉安所著。這部書就是我們現在所看到的淮南子。淮南子這部書，原來也不叫淮南子。因爲在這部書的要略訓裏有這樣的話：「此鴻列之泰族也。」根據這話，淮南王劉安把這部書已自己命名爲「鴻烈」了。所以高誘在淮南子敍裏說：這書大體上是屬於道家的，號稱爲「鴻烈」，鴻是大的意思，烈是明的意思。認爲這部書是大大的闡明道家理論的一部書。當劉向校定寫完以後，把這部書命名爲「淮南」。西京雜記卷三說：「淮南王劉安著鴻烈二十一篇，鴻是大的意思，烈是明的意思。這部書的內容，是說明大明禮教的事，號稱爲淮南子。」這恐怕在劉向的別錄和劉歆的七略才開始把這部書命名爲淮南的。所以淮南內二十一篇，原名爲淮南鴻烈，後改名爲淮南子。所以現在傳存的淮南子，在四庫全書子部雜家類一，曾有著錄，名爲「淮南子二十一卷。」四庫全書總目提要認爲：在舊唐書藝文志有高誘淮南鴻烈音一卷，是以談鴻烈的音爲主。宋書藝文志有淮南鴻烈解二十一卷，是以解鴻烈爲主，但是下面注說：淮南王劉安撰，好像解也是淮南王劉安著的，所以許多書引用的時候，連淮南子的本文，也一併題作「淮南鴻烈解」。這實在是一個大的錯誤。這本書共二十一篇，第二十一篇要略，等於敍文。

2. 淮南外三十三篇

根據漢書藝文志諸子略雜，淮南王的外書有三十三篇，已經亡佚了，顏師古說：「內篇論道，外篇雜說。」在漢書淮南王傳中說他的「外書甚衆。」就是指這些。

3. 淮南道訓二篇

漢書藝文志六藝略易有著錄，已亡佚。七略說：「九師道訓這部書，爲淮南王劉安所著。」別錄說：「所校讎的書中易傳淮南九師道訓，除去重復的，定著爲二十篇。淮南王聘請善通易理的易學家九人，從九人那裏採收記錄而成，所以中書稱這部書爲「淮南九師言」。在錢塘淮南天文訓補注中說：「蓋古五子道訓也。」這書也「號九師說」。

4.淮南王賦八十二篇

淮南王劉安的賦八十二篇，是根據漢書藝文志詩賦略，屈賦之屬的著錄而定。大多數的賦均已亡佚。如別錄說：「淮南王有熏籠賦。」現在根據太平御覽七百十二所收的資料可以證明，但是賦已亡佚了。又如：全上古三代文所收屏風賦一篇，是從藝文類聚中錄出來的。所以現在殘存的只是少數而已。

5.淮南王羣臣賦四十四篇

此據漢書藝文志詩賦略屈賦之屬著錄而定。題淮南王羣臣賦，則非淮南王之作品，臆其中或有淮南王之作品。現在楚辭中有招隱士一篇，爲淮南小山的作品。淮南王的賓客，分別作有辭賦，把同類的放在一起，有的稱大山，有的稱小山，意思和詩經裏面的大雅、小雅一樣。

6. 淮南雜子星十九篇

這部書已全部亡佚了，現在已無文獻可考。

7. 枕中鴻寶苑秘書

根據漢書三十六的記載，說淮南有枕中鴻寶苑祕書，書裏面所說的，是神仙使鬼物爲金的法術。這是劉向的父親劉德，在漢武帝的時候，因爲參與治淮南王獄的工作而得到的書。苑祕也寫作萬畢，在史記龜策列傳裏，褚先生（少孫）說：臣爲郎時，見萬畢石朱方。葛洪神仙傳也說：漢淮南王……作內書二十二篇（可能是二十一篇之誤），又中篇八章，言神仙黃白之事，名爲鴻寶萬畢。所以鴻寶苑祕書，也寫作鴻寶萬畢書。這部書也見不到了。不過近世高郵茆泮林從初學記、藝文類聚、太平御覽等類書輯成淮南萬畢術一卷。刻在梅瑞軒十種古逸書裏。長沙葉德輝也有輯本，刻在觀古堂所著書裏。現在可以看到的枕中鴻寶萬畢書，僅存這些了。

現在的淮南子，是淮南王劉安在著作中，保存比較完整的一本書。他著這本書的目的和用意，在卷二十一要略裏，都有說明。所以在此先將要略介紹一下，使大家對淮南子的篇章和內容，都能夠有所了解。

註釋

㊀ 後文說美人的弟弟趙兼，所以可以確定劉長的母親姓趙。

㊁ 耐是古代的一種罪名，這種罪是上不及髡的罪，也就是比髡低一點的罪。

淮南子要略

(一)淮南子著作目的和篇目

凡是作書論的人，都是為了治理道德，安排人事。上考於天文，下測於地理，中通於人事。雖然不能夠把玄妙之中的理論，全部抽引出來，但是足以能夠從衆多的事物裏面，看它的終始變化。總理它的要領，舉出它的概略。但是所說的話，不用它來分判純樸的太素，也不用它來消滅事情的根本。為是怕世人的悶瞀迷暗，不能夠知道根本的重要。所以用了很多的話，來廣為解說。又因為怕人們離開了根本去追求枝末。所以，如果只談自然的道，而不談人事間的事，就不能夠隨同世俗俯仰上下；如果只談人世間的事，而不談自然的道，就不能夠和變化神妙的自然同游息。所以道與事相兼，著書二十篇。在這二十篇裏，有原道訓，有俶眞訓，有天文訓，有地形訓，有時則訓，有覽冥訓，有精神訓，有本經訓，有主術訓，有繆稱訓，有齊俗訓，有道應訓，有氾論訓，有詮言訓，有兵略訓，有說山訓，有說林訓，有人間訓，有修務訓，有泰族訓。分別解說如後：

(二)對原道的解釋

原道，是上下四方六合的規模，是產生萬物的元氣，是太一元氣的根源。它可以探察暗不見底的深淵，又可以翱翔在虛無無有的區域。它可以用小來包裹大，可以用約來治廣。使人能夠知道先後的禍福，動靜的利害。眞的能了解道的眞諦，廣大的自然，就自然會呈現出一片勝景了。對原道來說，想要用一句話來說明，那就是尊重天然而保守眞性。想要再用一句來說的更明白點，那就是輕視外物而重視自己的身體。想要更進一步用一句話詳細的說明白，那就是以萬物爲外而歸於眞性，抓住道的意趣，使它對內洽潤於五藏㈠，對外漸漸漬於肌膚。服膺法則和規範，同時和道終身不離。用道來應對萬方，觀通百變。所以執道在手，就像轉圓丸在手掌裏面，很能夠自得其樂的。

㈢對俶眞的解釋

俶眞，是要盡力隨應終始的變化，環繞煩瑣有無的精諦。它可以使萬物分開，個別變化；又可以使死生同形，合而爲一。使人能夠遺棄對物欲的追求，而反身求眞。詳知仁義之間的關係，通達同異之間的道理。能夠看出來至德的統緒，可以知道變化的要點。所說的合於玄妙的理論，通於造化的根源。

㈣對天文的解釋

天文，主要的是在調和陰陽二氣。分理日月的光輝，以節制取舍的時間。列舉星辰的運行，以知道順逆的變化。避免忌諱的禍殃，以依順時運的相應。效法五神的不變，使人能夠仰賴上天，承順自然，而不會亂了規律。

(五)對地形的解釋

地形，主要的是在知道南北極長有多少，東西最廣有多少，經度山陵的形狀，區分川谷的位置，了解萬物的本源，知道生類的衆多，列舉山淵的數目，測量道路的遠近，使人對山川地形，生類多少，道路遠近，都洞達周備。這樣既不可以用物引動他，也不能夠用奇怪的東西驚嚇他。

(六)對時則的解釋

時則，主要的是上順應天時的變化，下竭盡地力的生產。據法度而行宜，合於人的規則，以成十二月，作爲標準模範，互相循環，終了以後再從頭開始，這樣運轉於無窮。循舊不改，倣效而行，用這個來了解禍福。對於要不要開通阻塞，各有一定的忌日。發布施放號令，定時加以教育，使做人君的知道怎麼樣去辦事。

(七)對覽冥的解釋

覽冥，所說的是到了最精的時候，可以上通於九天；到了至微的時候，可以淪沒於無形。不雜不變而入於至清的境界；昭昭盛明而通於昏暗的地方。於是開始收引物類，觀探取捨，微視想像相似衆多的類別，凡物能夠喻意象形的，就必須爲它把窘滯不通的地方打通。把壅塞的地方用溝渠決開，把人的意象，牽引到無窮無盡的地方。藉此以明物類的感通，同氣的相應，陰陽的相合，形迹的兆朕。這些都是使人可以遠觀博見的。

(八)對精神的解釋

精神，它原來就是由人所產生的，所以它能夠明諭指揮人的形體和九竅（陽七竅在頭眼耳口鼻，在上可見稱陽；陰二竅在下尿孔肛門，在下不可見稱陰，合陽七陰二共九竅），九竅取象和天相合同，他的血氣和雷霆風雨相似，他的喜怒白晝黑夜寒暑同明，能夠明辨生死的定分，判別同和不同的痕跡，節制動靜的樞要，以恢復性命的根本。這樣子就是爲了使人能夠愛惜和保養他的精神，安撫靜息他的魂魄。同時不以外物而易自己的身體，並堅守虛無的精神之宅。

㈨對本經的解釋

本經，它所要明白的是大聖的德，它所要通達的是太初的道。區別衰世和古今的變革，用來推讚先世的隆盛，而貶謫末世的不直的政治。主要的是要人不要靠耳目的聰明和精神的感動，而停止披散不專的看法，來節省精神，以達到養性的和諧，以分別帝王的操守，表明大小的差別。

㈩對主術的解釋

主術，爲人君的事，主要的是順着工作職分而加以名實的考覈，使所有的羣臣，都能按他的職責，各盡他的能力，知道怎麼使用權柄來統制羣臣，挈名求實，考之於五帝三王的措施，使作人君的能夠得到方法和要領，而不隨便妄加喜怒。他的方法是循正道而行，以糾正邪枉；把私心除外，而建立公平的制度。這樣使所有的百官，有條理而能集中精神，每個人都能專心在他的工作上，而表現出功績來，這就是所謂的主術之明了。

㈡對繆稱的解釋

繆稱，對於破碎相異的道德加以討論，對於差次不同的仁義加以分別，並略糅雜人間的事務，以同於神明之德，借象用耦，來相比喻。取短章以爲一義，來明小事，這就是用小巧之說攻難辯論，而彼此相感相應永無匱乏。

㈢對齊俗的解釋

齊俗，是爲了使衆生的習俗，無論短長都能齊一，使九夷的風俗能夠相同，對古代和現代的論點都能夠通達，對萬事萬物的道理都能夠貫通，裁節制定禮義的適當方法，劃分人事的終始。

㈢對道應的解釋

道應，是要攬拾行事的蹤影，回顧前代的軌跡，辨別禍、福、利、害的變化，而和老莊的道術相驗證，以應合得失的形勢。

㈣對氾論的解釋

氾論，就像針線補綴破衣之間，餚塞牴牾之隙，連接路徑的直曲，來推求他的本質。以顯出來得失的變化，利病的不同。這樣可以使人不隨便爲勢利所沒，不任意爲事態所誘惑，和日行之道相符合。同時亦稽考時勢的變化，道化的推移。

㈤對詮言的解釋

詮言，譬況比類人事的旨趣，了解明白治亂的根本，擇取精微之言的玄妙，用至理的文章來詮釋，藉此以塡補縫合過失的闕失。

㈥對兵略的解釋

兵略，是爲了明白戰爭勝利，攻敵拔取的方術，地形時機的情勢，詭詐奸譎的變化，本着自然之道，用不敢爲先的觀點。因此知道戰陣分爭求勝非用道不可以成功，知道攻取堅守非用德不能夠強盛。如果眞的能夠懂得這個道理，那麼無論是前進後退，向左向右，就不會有違礙不通了。乘着時勢作爲憑藉，守住淸靜作爲常態。避開敵人主要的實力，而攻擊敵人無備的空虛。這樣的形勢，就像驅逐羣羊那麼容易，這就是善於論軍事的人了。

㈦對說山、說林的解釋

說山和說林兩篇，是爲貫通穿連被壅蔽阻礙的百事，通行開放被關閉鎖住的萬物。假借譬喩，採用法象，把不同的類別，相殊的形體加以分別，藉此來明白治人的意思。解脫結紐，脫釋卷束，藉着這個方法，來明白百事的形兆，而了解它的眞諦。

㈥對人間的解釋

人間這一篇，是爲了觀察禍福的變化，詳辨利害的不同，鑽研條理失得的歷史，標擧終始循環的傳遞，分別明辨百事的精微，舖敍存亡的樞機，使人知道禍可以轉變爲福，亡失可以轉變成獲得，成功可以轉變爲失敗，利益可以轉變成禍害。如果眞的能夠明白了這個至高的眞理，就可以偏居於一方，浮沉於世俗之間，而不會受到讒言賊害和螫毒的傷害了。

㈦對修務的解釋

修務，主要是說明人對於道不能夠深入，體味理論不夠深遠，所以用文辭表現出來，使人恢復到以淸靜爲常道，以恬淡無欲爲根本。這樣就可以使人知道，懶惰不專於學，放縱情欲來滿足願望，以偷薄自佚而使大道不通的道理。這就像狂者沒有憂愁，聖人亦沒有憂愁一樣。但是，聖人所以沒有憂愁的原因，是因爲他的德合自然。狂者所以沒有憂愁的原因，是因爲他根本不明白什麼是禍，什麼是福。所以說，通達的無爲和不通達的無爲，二者的無爲是相同的。可是二者所以無爲的原因，就有差別了。所以特別用些不實的話和無根之說，使學者能夠辨別，使學者孳孳不倦，庶幾自通於道。

(三)對泰族的解釋

泰族，就橫的方面來說，可以遠達八極，就高的方面來說，可以高到極高。它可以使天上的日、月、星倍增光明，它可以使地下的水土調和。經歷了古今的大道，整理了倫理的秩序，總統萬方的理論而使它歸於一個根本，用這個衆理一本的道，來組織治國的方法，經理國家大事。所以要使心術歸本，使性情得正，使清平的心靈有所寄託，使神明的精神清徹分明。藉此與上天的和氣相繞相接。由這裏可以覽看五帝和三王，他們能夠懷包天氣，抱持天心，執守中道，內含和氣，德充滿於內心，用德萃聚凝結天地，發動陰陽，推排四時的順序，訂正四方的方法。這樣來安撫天下，天下就可以安寧；推行於天下，天下都能夠奉行。用這個來造就萬物，周流化育羣生，有倡導就有相應的，有行動就有擁護的。在整個的四海之內，大家都是一樣的心意，有一同的歸向。因爲這個緣故，所以在月亮旁邊的景星就會出現，來增加月亮的光明，不使樹枝發出響聲的祥風，也會吹起，黃龍自天而下降，鳳凰的巢築在樹上，麒麟住在郊野。如果不是內心充滿了德，而只是推行他的法令，專門用他的規定。這樣的話，天神地祇都不會顯靈，福祉徵祥都不會到來，四方的百姓不會賓服，天下的百姓不會接受教化。所以德充滿於內心，是治天下最大的根本。這就是萬物歸於一理的大功了。

㈢論著書之意和淮南鴻烈二十篇的關係

凡是著書的人，都是爲了探測大道，打開障塞。藉着這個使後世的人，了解什麼事該做，什麼事不該做；什麼是須要的，什麼是不須要的，怎麼能夠處理得合適。同時和外物接觸的時候，不會迷惑，在內心中，又能夠安神養氣，每天都安炙於和氣之中，而自樂在所受的天地之間。所以說，如果談論大道而不明白陰陽終始的推移，就不知道怎樣去模倣依循自然。如果談論陰陽終始的推移而不明白天地四時的循環，就不知道避諱。如果談論天地四時而不知道引用譬喻和舉出類別，就不能夠了解精微要妙。如果談論精微要妙而不以人的神氣作根本，就不能夠了解養生的奧妙。本於人情而談論大聖的受命天德，就不能夠了解五行的不同。談論帝王之道而不說君人南面之事，就不知道大小的差別。談論君人南面的事而不作稱引比喻，就不能夠知道動靜的合不合適。談論稱引比喻而不說明風俗的變化，就不知道合同的大指所在了。談論風俗變化而不說明以往的歷史事實，就不能夠了解道德的響應。知道道德的響應而不知道世俗的曲折，就沒有辦法和複雜的萬方相配合。知道氾論以博說世間古今的得失而不知道詮言的就萬物之指，以言其徵，就不能夠舉動合道。通達書文而不懂用兵的要歸，就沒有辦法應付卒然㊀發生的軍情。知道了大略而不知譬喻，就沒有辦法把事情推究明白。知道了公道而不知道人間，就沒有辦法應付禍福。知道人間而不知道修務，就沒有辦法使學習的人勉力去求。想要努力省察書中的言辭，覽歡書中全部的要點，不小心去做，深入研討，就不能夠極盡道德的本意。所以著書二十篇，而這二十篇的理論，可以使天地之間的道理畢盡了，人世間的事也可以全都看見了，帝王治國安民的道術全部都具備了。他所說的話，有小的有大的，有精微的有粗略的，每卷旨趣，各不相同，所用的話，亦有所異。現在專就道而言，道是無所不在。但是，能夠得本就能知末的，只有聖人才能夠做到。現在的學者，沒有聖人的才具，假如不替他們詳細的說明，就會終身顛沛困頓在混暗不清的境界裏，不知道用昭明之術使自己覺悟。

㈢讀淮南二十篇可以逍遙放游於天下

現在就易的乾、坤兩卦來說，就很夠盡天道通人事的了。就八卦來說，可以用它來辨別吉凶、了解禍福了。但是伏羲氏重爲六十四卦，到了周文王的時候，又加上了六爻，易就變成了測淸靜大道的本原和追逐萬物的祖先了。就五音的數目來說，僅只不過宮、商、角、徵、羽而已，但是用五弦的琴來演奏音樂，就不可以馬上鼓琴。必須有高低小大的音，使它諧和，然後才能夠成曲。現在畫一條龍的頭，看到的人不知道它是什麼獸，把它的形狀完全畫出來，自然就不會懷疑了。現在說它是道就多了，說它是物就少了，說它是術就博大了，說它是事就淺薄了。用這個理論來類推，就沒有話可說了。所以爲學的人，當然希望能夠達到不說話的境界才算到家。因爲道的理論是非常高深的，所以用很多話來解說它實際的情況，萬物的數量是非常衆多的，所以用廣博的話來加以解說，它的辭句雖然曲折連緜，糾紛遠引，爲了潤澤洗淨至意，使它沒有凝聚閉塞，這樣就可以掌握它而不會分散了。在江河裏面的腐屍多得不可勝數，但是祭祀的人，都汲取江河裏的水，這是因爲它太大了。一盃很美的酒，蒼蠅泡在裏面，普通的人都不會去嚐它，這是因爲它太小了。如果眞的能夠貫通這二十篇的理論，能夠看出來它的主旨，得到它的概要，就可以通過九野，走過十門，脫出天地，拋棄山川，對於逍遙自在於一世之間，主宰造就萬物的形體，也就很優游自在了。

㈢周文王以仁易暴

周文王的時候，殷紂王作天子，徵稅聚斂，沒有限度，殺戮百姓，沒有止息，耽樂荒淫，沈湎酒色，使宮中成了鬧市。製造炮烙作爲刑罰，挖諫者比干的心，剖腹看孕婦的胎兒，天下的百姓，同心怨恨他。而周文王從太王、王季、文王、到武王四代累積善行，修明德政，奉行正義，建國在岐山和周原之間，土地雖然不超過一百里，但是天下的三分之二都歸服了他。文王想要用柔弱的方法來制服強暴，而替天下的百姓去掉殘暴，消除禍害，而達成仁政愛民的王道。因此，太公的計謀就產生了。

(四)儒家學說的產生

文王的事業還沒有完成就死了，周武王繼承了文王的事業，用太公的計謀，率領了全部為數不多的軍隊，親身穿戴着盔甲，來討伐無道而又不義的紂王，在牧野舉行了誓師典禮，而登上了天子的龍位。這個時候，天下還沒有平定，海內也沒有安寧，武王為了宣揚文王愛民的仁政，使遠方的外族都帶着他們的寶貨來進貢。那時候遼遠的國家還沒來歸順，因此，武王就行了三年的喪禮，在堂上的兩柱之間，殯殮了文王，以等待遠方國家來歸向。武王在位三年就駕崩了，周成王當時還是抱在懷裏的小孩子，不能夠主持國家的政事，而在這個時候，蔡叔和管叔，輔佐紂王的侄兒祿父，想要作亂。周公繼承了文王的事業，代理天子行使政權，來做周朝的股肱，輔助成王。周公懼怕戰爭不能夠停止，臣下要危害君主。所以把馬縱放在華山，把牛縱放在桃林，把戰鼓毀壞了，把鼓槌折斷了，周公自己在腰帶上揷着朝笏來朝見天子，藉着文治使王室安定，也安撫了天下的諸侯。成王年長成人以後，能夠自己處理政事，周公把政權奉還成王，自己受封於魯國，以禮樂在魯國進行移風易俗的教化工作。後來魯國的孔子學習了成王、康王治國的道理，遵循着周公的教訓，用來教誨他的七十二個門弟子，使他們都穿着魯國所制訂的儒冠儒服，學習周公所遺留下來的書籍，因此，儒家的學說就產生了。

㈤墨家學說的產生

墨子學習過儒家的學說，接受過孔子的道術，他認爲儒家的禮節過於煩瑣而不夠簡易，厚葬浪費財物而使百姓貧困，喪服太久有傷健康而妨害工作。所以，他放棄了周制而採用夏制。夏禹的時候，天下發了大水，到處都是洪流，夏禹親自帶着土筐鐵鍬，走在百姓的前面去治水，疏通了河道，而開導出九條支流，鑿開江水，分爲九條別流，開闢了五湖，而安定了東海。當那個時候，人身上或是什麼地方被火燒了，也沒有時間去撲滅，被水打濕了，也沒有工夫去擦乾。人死在山上的就葬在山上，死在水邊的就葬在水邊。所以，節省財用，簡單埋葬，以及簡化喪服制度的學說就產生了。

㈥管子學說的產生

齊桓公的時候，周朝的天子，地位變得低弱，諸侯互相征伐，南方的蠻夷，北方的戎狄都來侵伐中國，中國雖然沒有滅絕，但維繫存在的，只是像一根線而已，危險到了極點。齊國所處的地位，東邊靠着東海，北邊隔着黃河，土地狹窄，田地太少。但是齊國的人民，聰明而有技巧。齊桓公躭心中國的危難，受不了夷狄的侵略，爲恢復已亡的古國，延續將要斷絕的諸侯後裔，尊崇周天子的地位，擴大周文王和周武王的事業，所以管子這部書就產生了。

㈢晏子諫諍的產生

齊景公在宮裏愛好音樂和美色，在宮外愛好狗馬，打獵射鳥樂而忘返，好色看中意的人不分親疏。在宮裏建築了一座高臺，鑄造了一座大鐘，在庭中撞起大鐘來，郊外的野鷄都會應聲叫起來。一天的賞賜，就用去了價值三萬斛粟米的費用。梁丘據和子家噲二人在景公的左右阿諛奉承，所以晏子的諫諍就產生了。

㈣縱橫長短之說的產生

春秋以後的戰國時代，六國諸侯，以谿異界，以谷別區，以水相絕，以山相隔，各自管理着自己的國境，固守着自己的疆土，掌握着自己的權柄，專擅推行自己的政令。下面沒有專於一方的諸侯之長，上面沒有發號施令的天子。他們用強力的戰爭來爭奪權利，勝利者就高高在上。他們互相連結，廣交與國，他們用盟約要誓，用符契爲信，遠結援助，互相支持，來保守自己的國家和領土，保有自己的社稷。所以合縱、連横游說長短之說就產生了。

(九)刑名之書的產生

申不害是韓昭釐王的輔佐大臣，韓本來是晉國分出來的，土地貧瘠，民性險惡，而又處在大國的中間。晉國的舊禮制沒有消除，韓國的新法令又出現了，以前君主的命令還沒有結束，新君主的命令又頒下來了。新的法令和舊的法令不同，以前的法令和新的法令互相矛盾，百官處在新舊法令之下，不知所從，事情常常違背混亂，不知道該用什麼法令較爲恰當。因此，講刑名的書就產生了。

(三)商鞅之法的產生

秦國的習俗，貪狼而好用強力，不講信義而專重趨利，只可以用刑罰來威嚇，而不可以用善來教化他們；可以用獎賞來鼓勵他們，而不可以用名譽來激勉他們。秦國的地理形勢非常險要，前面靠着黃河，四面都有天然的要塞來鞏固國防，地形有利，形勢方便，積蓄饒多，國家富厚。秦孝公想要用虎狼一般凶猛的優勢，來併吞諸侯。所以，商鞅之法就產生了。

㈢劉氏鴻烈妙用無窮

至於像劉氏這樣的書，觀察天地的現象，通貫古今的事理，衡量事的輕重來建立法制，度量形勢的同異來用適當的方法，推本於大道之意，配合三王的風敎，而加以擴大，玄妙之中，深入到精微細小的地方；拋棄掉它的糟粕，取它純善正靜的部分。來統治天下，治理萬物，以適應世事的變化，適應不同的地方，因爲不是遵循着那一條道路，不是拘守那一個方向，不是受着外物的牽連，而且並不是不能跟着形勢發展的。所以把它放在八尺或丈六的地方而塞不滿，散布到天下也不會覺得空虛。

註釋

㈠ 藏音（ㄗㄤˋ），和臟字音義相通。

㈡ 卒然，卒音（ㄘㄨˋ），和猝字音義相通，卒然和猝然相同，都是突然的意思。

卷第一原道訓

㈠道無形而用周

道，上可以覆蓋天，下可以運載地，通四方，包八極；它高不可接，深不可測；包裹了整個宇宙，生成了萬物。它像水，從源頭噴發出來，流過所有的空隙，慢慢的流滿；水勢上下翻騰，把混濁的泥漿漸漸澄清。道豎直起來，可以充塞天地，橫放下去，可以連接四海，它的用途，無窮無盡，而且不受時間的限制。把它展放開，可以籠罩上下四方，把它捲收起，僅僅不滿一握。它小而能變大，暗而能變明，弱而能變強，柔而能變剛。道能維繫天地，包含陰陽，安定宇宙；時間空間賴它而有，日月星辰靠它生光；柔軟到達極點，精細到了極致；山岳因它而高，海洋因它而深，獸類因它而能走，鳥類因它而能飛，日月因它而光明，星辰因它而運行，祥瑞的麒麟因它而出現，吉祥的鳳凰因它而翔集。它雖無形，卻是用之不盡的啊！

〔分析〕

凡是不見形象的東西，就有無形的力量。神不見形，而生靈異；氣不見形，而活萬物。而能夠統神氣的道，雖然沒有形體，但是宇宙萬物，都賴之以運行轉動和生存。而且永遠取之不盡，用之不竭。

(二)伏羲神農以道致祥

在上古的時候，伏羲和神農二位皇帝，得到了道的樞紐，居在中央。精神和萬物化而爲一，安撫了天下四方的百姓。所以能夠使天旋地轉，永遠循環而不止。像水流一樣，流而不息，並且和萬物相終始。像風起雲興，沒有不相應的，像雷響雨落，相應不已。像神鬼的出沒，無影而疾速，像神龍的降臨，像鳳鳥的翔集。二皇的氣運，周帀循環永遠沒完，就像翻砂機括旋轉不停，像車軸轉滾不已。雖然已經彫刻琢磨，卻仍然能夠存它樸素的本質。它以自然無爲爲作爲，所以能夠合于道；它以自然無爲爲言說，所以能夠通于德。安閒愉快，從不矜誇，因此能夠得到人和；天下百姓，性格雖然各不相同，卻能使人舒服而無欲。精神微眇的時候，可以寄託在像毫毛之末細微的物體上，當它放大的時候，竟比宇宙的總和還大。二皇的德，可以覆天地而調和陰陽。使四時的春夏秋冬節氣調順，使五行的木火土金水，都能有序順行不亂。受到如母親般的慈愛撫養，萬物都並育而成長。恩澤滋潤了草木，潤透了金石。飛鳥和走獸，茁壯而肥大，走獸的毫毛光澤柔滑，飛鳥的羽毛美麗強健。走獸懷了胎，都順利生產，飛鳥產了蛋，都順利孵化；做父母的不必憂愁兒女的喪亡，做兄長的不必哭弟妹的夭折；小孩子不會做孤兒，女人不會做寡婦；有凶兆的虹蜺不會出現，有兵災的彗星不會運行。這就是伏羲神農二位皇帝，含德施化而使祥瑞來臨，達到太平的呀！

〔分析〕

這是說明凡事要順自然之道，因爲自然之道，沒有人爲，沒有造作。不爲不造，才能够得其眞。就像四時五行的輪轉和循環，沒有停息，又是那麼的順暢。這樣，天無災，地無害，自然要祥瑞下降而致太平了。這不是告訴我們，順自然之道比人爲好嗎？

㈢道生萬物而不有

至高無上的道，能生萬物，而不以萬物爲己所有，成就變化萬物之形，而不爲主宰。有足爬行的獸類，用喙呼吸的鳥類，蠉動而行的蟲類，皆靠道而生，但不因此感道的恩德；皆因道而死，但不因此而怨道之暴虐。用道而獲利的，不能稱美它；用道而敗事的，不能非毀它。收聚財富、畜積糧食，不會增加它的富有；布施貧乏，匡救不足，不會使它變爲貧窮。道雖渺小，但不可以窮究；道雖微細，但不可以盡知。向上增加不會變高，向下墮落不會減低。增益不會變多；減損不會變少，斲削它不會變薄；擊殺它不會受傷。挖它不會變深，填它不會變淺。道這個東西，是忽忽恍恍的，不能見到它的形象，是恍恍忽忽的，雖無形貌，卻是用之不盡的。視之不見，聽之無聲，邃遠洞深，但是動有所應。道遇剛就伸展，遇柔就屈曲，遇陽就升高，遇陰就下降。

〔分析〕

萬物應時自然而生，適時自然而死。道對萬物，任其自然，所以生而不有。老子說：天地不仁，以萬物爲芻狗；聖人不仁，以百姓爲芻狗。這話就是生而不有的意思。因爲道任自然，無爲無造，所以生而不有，爲而不宰。

四馮夷得道而善御

從前的馮夷，爲河神號稱河伯，他能夠御陰陽。他駕駛的車子和方法是：以雷爲車，以雲蜺作馬，馳行於微霧之中，飛奔於無象之外，行愈遠而技愈高，可以行於八方。他能走過霜雪而沒有痕迹，日光照過而沒有影子，像羊角風一樣旋轉而上。他的行程通過了山川，跨過了崑侖，他能使閶闔爲他開啓，他能使天門讓他通行。馮夷大丙駕駛的技術，竟然這麼高明。末世的御者，用輕車良馬，雖有強勁的馬鞭，鋒利的馬刺，但是不能夠和馮夷大丙爭光。所以做一個大丈夫而得道的人，他安閒而無思，自足而無慮，以天作蓋，用地作車，用四時作馬，用騶御作駕駛，乘着雲氣，凌上霄漢，和能夠造化萬物的主宰者一塊同遊。無拘無束，奔馳於天地之間，要慢走就慢走，要疾奔就疾奔。命令雨師清灑道路，派使風伯掃除塵埃。以閃電爲鞭策，以奔雷作車輪，上游於虛無寂寞的廣域，下出於無形無垠的大門，同觀宇宙，無所不覽，歸而守道，以全眞性。經營四方，復返於本。所以用天作蓋，就沒有不被籠罩的。用地作車，就沒有不被運載的。用四時作馬，就沒有一個時間不可用的。用陰陽作御，就沒有不俱備的。所以行快而平穩，致遠而省力。不勞四肢，不減聰明。但是，他能夠知道天的八維，地的八方中央的形象和際極，這是爲什麼呢？因爲得到了道的要點，而能夠游觀於無窮之地的緣故。所以天下的事，不可以用人爲的方法來治理，應該順著它自然的變化去推求和舉辦。萬物的變化，是不可分別窮究的，但是殊途同歸，只要能夠得到它的歸趣㊀，就可以了。鏡子、水這兩種東西，和形相照的時候，不加巧飾，而人的實形，不論好醜，都會完全顯映出來，不能夠逃避。

〔分析〕

得自然之道的人，行不費力，可以通行致遠，而其馳之速，不能追及。凡是得到要道的人，就能夠遊觀於無窮之地。所以天下的事，不可以用人為的方法來治理，因為人為的方法，違反自然，不能得到萬物變化的歸趣，行事也就不能夠順利了。

(五)不與物相爭，而物不敢與之爭

人生下來是靜的，靜是自然的本性；感受到外界的刺激以後就動，動是本性的作用；遇到外界的事物，精神有了反應，這就是知覺的活動。知覺和外來的事物相接觸，就產生了愛惡的感情；愛惡從行動上表現出來，知覺又被外界的事物所引誘，而不能回復到原來的本性上去，那麼天理就喪失了。所以通達大道的人，決不會以人為來改變天然；雖然外面和接觸的事物化而為一，但是裏面卻能不改變自己本來的性情。雖是什麼也沒有，但卻能供給外來的要求；精神雖然到處馳騁，最後仍然能回到本來的歸宿。外面所求，無論是小的、大的、長的、短的，樣樣都有準備；外界的萬事萬物，無論怎樣翻騰混亂，都不會失去他的度數。所以他居於百姓之上，而百姓不覺得他沉重；他站在百姓的前面，百姓們都愛戴他。天下的人都歸服他，姦邪的人都懼怕他。因爲他從來沒有與萬物相爭過，所以萬物都不敢和他相爭。

〔分析〕

不和萬物相爭，而萬物都不敢和他相爭，這是什麼原因呢？因爲得道的人，不會用人爲來改變天然。爭是人爲，不爭是天然。因爲人爲是敵不過天然的，所以說不爭而莫敢與之爭。

㈥用道則成用術則敗

到江邊去釣魚，費一整天的時間，也釣不滿一筐子，雖然有很尖的釣鉤，釣鉤上有長的倒刺，又有很堅韌的釣線和芳香的釣餌，再加上像詹何、娟嬛名釣魚家的技巧，還是不能夠和用網罟打魚的人來比賽獲魚的多少的；射鳥的人拉開古代最有名的烏號弓，扣上衛國淇水出產有名的竹箭，再加上像后羿和逢蒙那樣善射的人的技巧，來射空中的飛鳥，還是不能夠和用網羅捕鳥的人來比賽獲鳥的多少的。這是爲什麼呢？因爲他們所用的工具太小了。如果把天下張開作爲捕鳥的籠，把江海用爲捕魚的網，那裏還會有漏網的魚和失籠的鳥呢？所以箭比不上帶線的箭，帶線的箭比不上網，有形的網，更比不上無形的網。放棄大道而專靠小聰明，那和叫蜥去捉鼠、叫蝦蟆去捉跳蚤有什麼分別呢？這樣不但不能禁止姦詐杜絕邪僻，反而會混亂愈來愈多。從前夏時的鯀建築了三仭高的城牆，諸侯都背叛了他，海外的國家對他有了二心。他的兒子夏禹，知道天下都在反對他們，於是就拆掉了城牆，填平了城河，將錢財和貨物都散給了百姓，將兵器和盔甲統統都焚燒掉，對百姓布施恩德；自此外國都來歸順，四方的外族都來進貢。在塗山大會天下的諸侯，帶著進獻禮物來的國家不可數計。所以心裏如果懷著機詐，思想就不會純潔，神聖的德性也不能保全。在自己身上的尙不能保全，怎麼能夠使遠方的人來歸呢？所以盔甲愈堅厚，則刀槍更鋒利，城牆築的愈高，則攻城的衝車愈多。就像以開水澆沸騰的水，愈澆愈沸。所以用鞭子打咬人的狗和踢人的馬，想要用這種方法訓練狗馬，就是伊尹、造父那樣善於訓練狗馬的人，也不能使狗馬馴服；假使心裏沒有貪饞和迫害的念頭，就是餓虎也可叫他跟着走，何況是狗馬之類呢？所以能夠體道的人，永遠安逸，而且不會遇到困難。善於用權術的人，永遠辛苦，而且不會得到成功。

〔分析〕

這段話是說明用道成功，用權術失敗的理論。從前有這樣的一個故事：有一個人，天天到海上去玩，海邊的海鷗，和他在一塊非常的熟識。每當他來的時候，海鷗都和他在一起狎戲。有一天，他的朋友對他說：你和海上的海鷗那麼接近，爲什麼不捉兩隻來送給我呢？他聽了以後，再到海上去的時候，心裏就準備要捉海鷗。可是，這個時候，所有的海鷗都不接近他了。這是什麼道理呢？原來人一產生機心，思想就不會純潔，擧動就不會自然。所以海上的羣鷗也就不會接近他了。因此人要得道，道是可以使人淡然忘機的，忘機的人，不但鷗鳥不驚，就是餓虎也可以跟他走。絕不可以用術，因爲用術愈精，防備的方法也愈多，那不就像揚湯止沸嗎？所以說用道的人成功，用術的人失敗，這是不易的至理啊！

(七)得其道者可以治天下

嚴刑峻法，深責重誅，並不是致霸、王天下的方法。像離朱那樣的視力，雖然敏銳到可以在百步之外看見細如針尖的微物，但是卻不能夠看見藏在深淵中的魚兒；像師曠那樣的聽力，雖然靈敏到可以辨別各種樂器音調的不同而加以調和，但是卻不能夠聽到遠在十里以外的聲音。所以專用一個人的能力，不能夠建築成三畝面積的房屋。如果遵循道理的規律，依順天地的自然，就是整個天下也不難治理得太平。所以夏禹治理洪水，順着水性求得治理的方法；神農種植百穀，順着禾苗的特性作爲種植的示範。

〔分析〕

治天下不能够靠個人的耳目聰明，必須要掌握要道。一個人雖然耳聰目明，但是看到的和聽到的，都很有限。那麽看到的事可以辨，聽到的事可以分別。可是那些看不到，聽不到的事，該怎麽辦呢？而且一個人看到聽到的少，而看不到聽不到的多。單靠個人的視聽，不是掛一漏萬嗎？所以治天下必須遵循大道，順着規矩，讓天下萬民，都能共遵共行，這樣去做，還有什麼困難呢？

(八)萬物皆能自適其性

萍生根在水裏，樹生根在土裏，禽鳥在空中飛翔，野獸在地上奔跑，蛟龍住在水裏，虎豹住在山上，這都是自然的本性。把兩塊木頭互相磨擦就會生出火來，把金屬放在火上燒就會化爲液體，圓的物體會在地上轉，空的物體能在水上浮，這些都是自然的規律。所以春風一到，天就會下降甘雨，來滋生地上的萬物；這時候鳥類下了蛋，孵伏小鳥；獸類受了孕，生出小獸；草木欣欣向榮，開滿了花朵；草木的榮華，鳥產卵，獸受胎，看不見誰在作爲，而化育萬物之功竟自然完成了。秋風一到，天就會降下寒霜，草木開始枯萎，鷹鵰一類的猛禽攫食小鳥，昆蟲開始冬眠，草木的根札向地下，魚鼈潛藏水底，看不見有誰在作爲，而消滅萬物於無形。住在樹上的自己會做窠，住水裏的自己會找洞；禽獸臥在墊蓐上，人類住在房屋中；陸地行走利用牛馬，水上行走利用舟船；北方匈奴住的地方出產皮毛，南方吳越住的地方出產夏布；各自生產急需的物品來防備乾燥和潮濕，各自隨着所住的地方來抵抗冷熱；全部都能各得其所，而應合環境。由以上的事看來，萬物根本就能適應自然的，聖人又何必去多作爲呢？

〔分析〕

這是說明萬物都能各依其所生的環境，而各適其性。不須要去多作爲。所以治天下的聖人，一定要順應自然，作爲反而是多餘的。

(九)本性不可改習慣不可易

在九疑山的南邊，在陸地上活動的事情少，水面上活動的事情多，所以那裏的人民剪斷了頭髮，身上刺了花紋，模仿蛟龍來避禍害；他們只穿短衣，不着褲子，因爲這樣便於游泳渡河；他們衣袖很短，高高捲起，因爲這樣便於操舟；這都是因爲近水的關係。在雁門關的北邊，狄人不吃五穀，而吃牛羊；看不起年老體衰的人，看重少壯力強的人，因爲他們的風俗崇尚有力氣的人；那裏的人都經常張着弓，他們的馬都經常帶着勒口，因爲他們習慣於那種騎射的生活。所以夏禹到了果國，就脫衣服入境，出來的時候，就穿衣服出境，這是爲了順俗。現在移植樹木的人，如果不懂得陰陽時令的冷暖，變更樹性來移植，樹木沒有不枯死的。所以移種橘樹在江北就會變爲枳，而鴝鵒鳥不能過濟河，貈這種獸過了汶河就死；這就是因爲本性不可變易，習慣不可更改的緣故。

〔分析〕

這是說明各地有各的風俗習慣，而這些風俗習慣，是受了山川地理和氣候的影響，是不可以隨便改易的。因此，我們可以體悟出，本性的不可變易了。

曰不以人爲滅天然

所以通達大道的人，以淸靜爲根本；通達事理的人，以無爲爲目的。以恬淡寡欲來養性情，以淸靜無爲來安精神，這樣就可以入於天然的境地。所謂天然，就是純粹樸素，質直潔白，如物之始生始成，而無任何東西攙雜進去；所謂人爲，就是矯揉造作，賣弄聰明，取巧行詐，逢迎世人，而和世俗同流合汚。所以牛的脚分蹄和頭上生角，馬的頸上有鬣和脚上全蹄，這是天然的。把韁繩套上馬的頷子，把繩子穿進牛的鼻子，這是人爲的。順天然的人，與道是相合的；隨人爲的人，與俗是相交的。井裏的魚不能和他談論大海，因爲它被狹隘的範圍限制住了，而不知有大海；夏天的蟲不能和它談寒冰，因爲它被短促的時令限制住了，而不知道有多天；不能和短見的人談大道，因爲他被流俗的見解和禮教束縛住了，而不知道有至道。所以聖人不以人爲擾亂天然，不以貪欲擾亂性情。不用謀劃而所處皆當，不用說話而使人皆信，不用考慮而一切皆宜，不用作爲而一切皆成功。精神通徹到心靈的深處，和造化合而爲一。

〔分析〕

這段話是根據莊子的「不以人滅天」而來。天然所涵所包非常的廣大；而人爲所知所見的很小。所以人必須保持他的天然，不要用人爲去擾亂它；守住他的性情，不要用貪欲去擾亂它；這樣才能够和造化合而爲一。

(二)養精神棄智巧可達於無極

精於游泳的人往往會被淹死,精於騎術的人往往會被跌傷,都是因爲他精於所長反而因此招害。所以好多事的人沒有不受傷害的,好爭權利的人沒有不受困苦的。從前共工仗着自己的力氣大,和高辛氏爭奪帝位,用頭撞不周之山,而使地向東南傾斜,因而使自己跌進大海裏淹死,整個宗族遭到殘滅,從此沒有了繼嗣,斷絕了祭祀。越王翳不肯繼承王位,躲進了山洞,越人用煙把他從山洞裏熏出來,於是就不能不繼承王位。由此看來,能不能得帝王之位,在於遇不遇時機,而不在於爭奪;能不能達於太平之治,在於合不合大道,而不在於智巧。地處在下,從不爭高,所以永遠安穩而沒有危險;水向下流,從不爭先,所以流得快而不會停留。從前大舜在歷山種地,一年之後,所有的農人爭着把墝薄的田地留給自已,而把肥沃的田地讓給別人;他在河邊釣魚,一年之後,所有的漁夫都爭着在水急魚少的地方釣,而把魚多的地方深潭曲港讓給別人。在這個時候,舜口裏沒有說話,手也沒有指揮,他只是懷抱着高尙的德行,而感化別人之快就像有神助一般。假使舜沒有高尙的德行,就算有能言善辯之口,一家一家去勸說,也不會有一個人受他的感化。

所以那不可說的道，眞是偉大啊！他能夠使三苗來歸化，羽人來朝貢，裸人化而從命，肅愼敬而朝見，從來未曾發號施令，竟已改變了各國的風俗，這眞是心悅而誠服的呀！若靠着法度刑罰怎麼能夠達到這樣的境界呢？所以聖人修治的是內在的根本，而不假飾外表的末節，保養永恆的精神，放棄傷身的智巧，靜漠的好像無爲，卻順着自然而無所不爲，淡然的好像無治，卻依着自然而無所不治。所謂的無爲，只是不在事物之先去作，所謂無不爲，只是順物之所爲而爲；所謂的無治，只是不改變自然，所謂無不治，只是順物性之相宜而治。因爲萬物同生於一個根源，所以應該知道守住根源；萬事同出於一個門戶，所以應該守住門戶；如此才能達到無窮無極的地步，對萬物都能看得淸淸楚楚，而不會迷惑，對萬事萬物都能夠應付得順順利利，而沒有困難，這就叫做能明了自然的天意。

〔分析〕

自然之化，勝於口說。因爲自然化人，一定是以德服人。凡是以德服人的，人皆心悅而誠服。這是和法度或權威都沒有關係的。所以凡是了解大道的人，一定知道如何去養精神，拋棄智巧。這樣才可以達到無窮無極的地步。

㈢守柔居後莫能與之爭

所以得道的人，意念柔弱而作爲堅強，心靈虛靜而應事適當。所謂意念柔弱作爲堅強的人，是指意念柔弱的人，柔弱安靜，把勇氣隱藏起來，表現的好像毫無能力；靜靜的好像毫無思慮，有所作爲的時候，卻能把握時機；隨着萬物流轉，而不作首倡的人，受了外面的觸動，然後才去相應。因此地位高貴的人，一定要用賤號謙稱自己，高大的山丘，一定要以低下的地作基礎；寄託在小的地方，卻能包羅極大，居於中央，卻能控制外面；使柔軟變爲剛硬，懦弱變爲堅強，不停的變化推移，把握了純一的大道，能夠以少數統御多數。所謂作爲堅強的人，在遭遇到變亂應付倉猝事故的時候，能夠排除患難，他的力量沒有不能勝任的，敵人沒有不被戰勝的；應付一切的變化，把握正確的時機，沒有人能夠傷害他。因此，要想做到剛硬必須用柔軟來保守，要想做到堅強必須用懦弱來保守。柔積多了就成剛，弱積多了就成強，看他所積的是什麼，就可以知道將來禍福的方向。力量強的人可以勝過比不上自己的人，可是遇到和自己力量相等的人就不行了；力量弱的人能夠勝過比自己力量強的人，他的力量是不可估計的。所以兵力強大就會消滅，樹木強硬就會斷折，皮革強硬就會開裂，牙齒比舌頭強硬卻會先舌頭而脫落。所以，柔弱是生存的基礎，堅強是死亡的因素，先倡是失敗的道路，後動是成功的根源。怎麼知道是這樣的呢？凡是中壽的人可以活到七十歲，可是在他趨舍行止之間，今日悔昨日之非，此月悔前月之非，這樣一直到死。所以蘧伯玉活了五十歲，而悔四十九年之非。這是什麼原因？在先的人遇事難以預先知道，而在後的人遇事容易作爲成功；在先的人往上爬，後面的人就攀住他，在先的人向下墜，後面的人就踐踏他；在先的人墜陷下去，後面的人就會詳細考慮；在先的人打了敗仗，後面的人就謀取勝利。由這些證明來看，在先的人，就是在後的人的弓箭標靶，就像錞和刄一樣，鋒刄在先，所以犯難而缺，錞體在後，所以保持無恙，這是什麼原因呢？這是因爲錞處在後位的關係。這種道理，是一般社會大衆都能詳知的。但是，卻是賢能和聰明的人所不能避免的錯誤。這裏所說的後者，並不是說把動止住而不使它發動，把動凝結起來而不讓它周流，而是貴後能夠調和道術，合於時用。所以能夠執持道理可以雙變：先也可以控制後，後也可以控制先。這是什麼道理呢？不失掉他所以能控制人的方法，人也不能夠控制我。時間之匆促，反側之間，不能容一氣息，在他之前，就會太過，在他之後，又會不及。日子是一天又一天，一月又一月的過去，時光是不和人同游的。所以古代的聖人，不貴重視一尺大璧玉，而重視一寸時間的光陰，是因爲時光得到困難，失去容易啊！從前夏禹爲了趕時間，鞋子掉了而不去拾取，帽子被掛而不加同顧。他這樣的急忙和匆促，並不是爲了要爭先，是爲了要爭他能夠得到適當的時機。所以聖人守着淸靜的大道而懷抱柔弱之操，順着自然來應變，常居後而不敢爲先，柔弱以致淸靜，安詳以致安定，攻大使破，磨堅使薄，聖人雖然守靜抱柔，但是沒有人能夠和他爭。

〔分析〕

這一段話，主要在說明守柔和不敢爲先的道理。爲什麼要守柔呢？因爲柔弱才是剛強的基礎，而剛強却是滅亡的先兆。以兵稱剛強的一定先滅亡，樹木堅硬的一定先斷折，皮革強硬的一定先破裂，牙齒比舌頭硬就會先脫落。所以老子曾說：柔弱者生之徒。反過來說，剛強就是死的因素了。基於這個因素，就可以了解，守柔是多麼重要了。至於不敢爲先，因爲道家認爲，先倡是失敗的道路。爲什麼呢？就人的行事來說吧！人常會有覺今是而昨非的後悔。這是因爲在先的人遇事無法預知，而在後的人却容易成功。就像前面陷落的人使人不再跟進一樣。聖人所以守柔不敢爲先，就是因爲沒有人能和他爭勝啊！

㈢水有至德

天下的萬物，沒有比水更柔弱了。水雖然柔弱，但是大到沒極限，深到不可測量。長得到了沒有窮盡，遠得到了沒有涯岸，生息虛耗減少增加，達到了無量之境。上到天空就成爲雨露，下至地面就生出潤澤。萬物得不到水就不能夠生長，百事得不到水就不能夠成功。水利萬物而無私好。恩澤施到蚑行的小蟲身上，但是並不求報答。使天下富足而不盡，恩德加在百姓身上而不費。水的流行是永無窮極的，它的微細是無法把握的。水的性至爲柔弱，打它不會受創，刺它不會受傷，斬它不能斬斷，燒它不能燃燒。溶解流逸，彼此相結，不可分散。它的鋒利可以貫穿金石，它的大力可以通濟天下。游動在無的區域，翶翔在忽荒的太空，在川谷之間委曲流轉，在大荒之野排浪滔天，有餘不足都取於天地、給於天地，與萬物則不分前後皆給之。所以沒有私沒有公，都是一致的。流散振動，和天地混而爲一，沒有左沒有右，屈曲錯轉和天地萬物相始終。這就叫著至德。

〔分析〕

水是可以和道相比的，它的性質柔弱，它的性情居下。可是擊之無創，刺之不傷，斬之不斷，燒之不燃。但是它的力量大起來，可以通濟天下，它的力量鋒利起來，可以貫穿金石。所以老子說：水是至柔的，但攻堅強的都比不上水。由現在科學所用的「水刀」就可證明，它切割的力量，實在驚人。

四廢知巧反大道可以治天下

水之所以能夠把它的至德表現在天下的原因，是因爲它濡弱而潤滑。所以老子有這樣的話說：天下最爲柔弱的人卻能夠使役駕御天下最爲堅強的人。水不知它從何處來，不知它流入何處。我所以知道無爲是有益於生的。所以無形是有形之物的大祖，無聲是有聲之聲的大宗。無的兒子是光，無的孫子是水，光和水都是由無形而生的呀！因爲光可以看見而不能抓到，水可以順流而不能毀壞，所以有象的東西，沒有比水再尊貴了。出生道就會去掉清淨，入死道就會隱匿情欲。從無形適有形而離根本，從有形適無形而不可復得，因爲離本失道，道就自然衰賤了。所以清靜是德的極點，柔弱是道的信條。虛無恬靜萬物能爲人所用。敬愼的來應感，殷切的反本，就能夠歸沒於無形，所謂無形的意義，就是所說的一。所說的一，它是沒有匹合的，它超然的獨立著，偉大的獨處著，上可以通八方中央之外，下可以貫八方中央之內，員㊀不合規，方不合矩，但它能合方員爲一，棄累而得其微妙，它可以包容天地，爲道開門。它無形無象，純德獨在，布施給天下不會盡，用它於天下不覺疲勞。所以看它看不見它的形體；聽它聽不到它的聲音；摸它摸不到它的身體。雖然它是無形的，但是有形的一切，都是從它而生出來的。雖然它是無聲的，但是有聲的五音，都是從它而生出來的。雖然它是無味的，但是有味的五味，都是由它而調和成功的。雖然它是無色的，但是有色的五色，都是由它而產生的。所以有是由無而生，實是從虛而出。天下的各個角落，雖各處一方，但是名實是相同的。音的數量不過宮、商、角、徵、羽五種而已，但是五音調和相生，變化無窮，使人有聽不完的音樂。滋味的調和，也不過甘、酸、鹹、辛、苦五味而已，可是五味的調和變化，使人有嚐不完的美味。顏色的數量不過靑、赤、白、黑、黃五色而已，可是五色的調配變化，使人看都看不完。所以就音來說，宮聲成立於中央，而五音就可以正了。就味而言，甘味成立於中央，而五味就可以平了。以色而論，白色成立，而五色就可以成了。道立於一，造化萬物就由此產生了。所以一之道施於四海，一之達接於天地。道的全眞，純粹得像未剖的璞玉。道散開來，混混的像是很濁，混濁慢慢地澄清，空虛的地方慢慢滿盈。定下來不動，穩得像深淵一樣；飄起來流動，飛得像浮雲一樣。像是沒有，而實在是有；像是不存在，而實在是存在。道是萬物總聚的地方，都要經歷它；道是百事的根源，都要從它出。道動的時候沒有形體，變化的時候有如神明，走過的時候不留痕跡，常常居後而得先。所以得到至道的人治天下的方法，掩住耳朶不聽，蓋住眼睛不看，去掉華麗的文章，依據大道，廢去智巧，和百姓同樣，出於公平。他所守的是簡約，他所求的是寡少，他該去掉的誘慕，他該減除的是嗜欲，他該減少的是思慮。所守簡約就不會煩擾，所求寡少就易於供給。所以專靠着耳朶聽到的和眼睛看到的來辨事的人，勞動形體而不能聽得清楚和看得清楚。專靠智慮來治天下的人，勞苦心神而沒有功績。所以聖人治天下，要齊度數，循法令。不變更適宜的命令，不改易當行的常度。

〔分析〕

這段話是由水說起，由水推到光，由光推到無。作者把光比作無的兒子，把水比作無的孫子，而認爲光和水都是無形所生。光可見而不可觸，水可觸而不可毀。所以有象之物，以水爲貴。因爲水幾於道，而道立於一。一又是道所生的，而天地萬物皆由此而生。由於萬物的繁多，而想治理萬物，必須反於道，以簡治繁，以寡統衆，自然就可以據大道廢智巧了。

㈤清靜平淡可以稱雄天下

喜和怒失去了道的平和，所以喜怒是道的偏邪。憂和悲失去了德的恬和，所以憂悲是德的喪失。愛好和憎惡失去心的專一，所以好憎使人迷惑。嗜好和貪欲失去性的清靜，所以嗜欲使人牽累。人大怒會破壞陰氣，人大喜會喪失陽氣；陰氣和陽氣相迫，會使人失聲變啞，驚怕就會變成瘋狂；憂愁悲哀和多怒，疾病就會由此積成；愛好和憎惡太多，災禍就會跟着而來。所以心裏沒有憂愁和快樂，是有德的極致；性情守常而不變，是清靜的極致；嗜好和貪欲不累於性，是空虛的極致；沒有愛好和憎惡，是平正的極致；不爲事物所憂亂，是純粹的極致。能夠做到這五點，就可以和神明相通，能夠和神明相通，是由於內心得到滿足，所以可以用內心控制情欲，所有的事情都不會失敗。內心能夠得到滿足，就能夠養外來的一切。內心滿足，就會使體內的五臟安定，思慮平正，筋力堅強，耳目聰明；這樣就會遇事通順而不發生錯誤，堅強而不會遇到挫折；沒有太過分的，也沒有不及的；處在小的地方不會覺得狹窄，處在大的地方不會覺得空曠；他的靈魂不急躁，他的精神不煩惱；清靜恬淡，可以做天下的雄長。

〔分析〕

想要以清靜恬淡來稱雄天下，必須以內在的心，控制情欲。心如何可以控制情欲呢？因爲心主理，它是整個身體的主宰。它可以發號施令，指揮整個的形體，它可以辨別是非，有所不爲。它可以使你時時刻刻保持無過不及的地步。無求無欲的心境，是至高的境界，那不是天下的雄長嗎？

㈥至德者的快樂

大道平平坦坦正正直直，離自己的身體不遠，只要向近處去求，就是離開了也可把它再找回來；接近它就會回應，感動它就會有動作；常守靜穆，應接不窮；隨時變化，不見它的形像；自由自在的操縱，就像聲有響應，形有影從；不論登高山，下平地，失不掉所秉持的道；就算踏上危地，行入險境，也不要把心中所懷的道忘掉。能夠保存住道到這樣的地步，他的德性就不會有缺陷；萬物雖然紛亂雜糅，卻能使萬物轉移變化；用它來治天下，就像順着風而快跑那麼容易。這個就叫做至德。有了至德就快樂了。

〔分析〕

至德的人，無論在什麼時候，無論在什麼地方，都要秉持着大道。因爲道無形而可以統萬物，所以用它來治天下，就像順風快跑那麼容易。這樣看來，至德的人，還會不快樂嗎？

㈦守道者可得自然之樂

遠古時代的人有住在山洞裏面的，他們的精神飽滿而不失。後世的人有貴爲天子的，他們天天憂愁和悲傷。這樣看起來，聖人所以失掉聰明是由於治人的關係，只有得道的人才能保守得住；富貴的人所以失去富貴是由於快樂的關係，只有有德和道的人才能保守得住。知道重視自己而輕視天下，就可以接近道了。所謂的快樂，難道是一定要住在京臺章華的高臺上？游覽雲夢大澤和沙丘的風景？耳朶聽那九韶六瑩的音樂？嘴裏吃那烹調芳香的美味？坐着大車在大路上來往馳騁？捕射鸘鷞那樣的珍禽？這樣才叫快樂嗎？我所謂的快樂，是各人得到各人的快樂而已，各人得到各人快樂的人，他不會以豪奢爲快樂，也不會以儉嗇爲悲哀；隱藏的時候和陰氣一樣的靜止，出來的時候和陽氣一樣的活動。所以子夏向孔子求學的時候，見到先王的道德非常歡喜，出來見到世俗的富貴也很喜歡，因此子夏因爲心裏交戰而瘦了，後來因爲服膺道德而胖了。聖人不會用自己的身體受外物的支配，更不會讓自己純和的本性爲物欲擾亂。所以他歡喜的時候不會太過分，他難過的時候不會太悲傷；外界的事物，無論有多少的變化，無論怎麼搖擺不定，我心裏仍然是坦坦然然，不把這些放在心上，只是和道同在一起。所以，只要自己認爲自己得到滿足，就是在大樹的下邊，空的洞穴裏，也足能夠使人怡情適性；相反的，如果自己認爲自己沒有得到滿足，雖然是把天下當作自己的家，把萬民當作自己的臣役，也不能夠保養自己的性命。能夠達到沒有快樂境界的人，就沒有什麼不快樂的，沒有什麼不快樂，就可以達到快樂的極點了。

〔分析〕

這是告訴人守道而輕天下可以得到快樂的一段話。人所苦的，就是不足。因爲不滿足，就會產生很多很大的欲望。欲望多，欲望大，往往傷生害事，不能保身。這樣反而不快樂了。如果能够隨遇而安，卽使穴居野處，同樣可以使人怡情適性。因爲不要求欲望上的快樂，所以能够達到沒有什麼不快樂的境界，沒有什麼不快樂，才可以達到快樂的極點。

㈥內足於心始可外應於事

擺設滿了鐘、鼓，排列滿了簫、琴，座位上墊着厚厚的毯子，門外排列着旗幟和象牙裝飾的儀仗，耳朶裏聽的是朝歌北郊誘人淫樂的音樂，身旁列着妖艷的美女，獻酒進杯，日夜不停，或是帶了強弓射高飛的鳥，帶了獵狗追逐狡猾的兎子，他這種快樂的樣子，眞是聲勢煊赫，好像使人羡慕得不得了，可是到了解了車駕，脫了馬鞍，酒宴散了，音樂停了，心裏忽然空虛寂寞起來，好像失去了什麼。這是什麼原因呢？因爲他不知道把內心的快樂發展到外面去，而把外面的快樂來撫慰內心，所以當音樂奏起的時候他就快樂，歌曲終了的時候他就悲哀。由悲哀轉生快樂，再由快樂轉生悲哀，這樣循環相生，精神就會混亂，得不到片刻的安寧，仔細看他的作爲，因爲重外而不重內，所以得不到快樂之形，以致一天天的損害了自己的生趣，失掉了他可以得到的滿足。所以如果內心沒有得到能夠滿足的東西，只能夠專靠外面的東西來替自己粉飾門面了。外面的粉飾，既黏不上皮膚，也鑽不進骨髓，既留不在心上，也停不進五臟。所以，從外面進來的東西，如果內心沒有主宰接受，就不會停留下來；從內心出去的東西，即使外面沒有接應，也不會再跑出去。所以聽到有益的議論和良好的計劃，雖然是愚蠢的人也知道喜歡。稱美別人的好道德和好行爲，雖然是壞人也知道羡慕。但是，愛好的人多，而能用的人卻少；羡慕的人多，而能實行的人卻少。造成這樣的情形是什麼原因呢？因爲不能恢復自己的本性。如果內心沒有打開，而勉強去學問，也不會鑽進耳朶裏，而牢記在心上的。這樣和聾子唱歌有什麼差別呢？只是模仿別人的動作而已，自己根本不知道有什麼可樂的。聲音從嘴裏出來，就像一陣風散了而已。心是五臟的主體，它可以支配使用四肢，使血氣流行循環，常常在是非交界的地方來來去去，在百事的門戶進進出出。所以心裏沒有得到可以滿足的東西，卻懷有經營天下的氣概，就好比聾子想協調音樂，瞎子想學習畫圖，那是一定不能夠勝任的。

〔分析〕

這是說明人只知用外在的喜樂來滿足自己的生活，而不懂得求內心的充實。正因爲內心的不充實，所以每在歡欣鼓舞，曲終人散之後，顯出無比的寂寞；在馳騁田獵，追禽逐獸之餘，就會悵然若有所失。人如果能夠體會出這個境界，他的心就不會專務於外了。他一定會重內心的充實，求精神的快樂，而增加自己的生活情趣。因爲心是人身的主宰，是四肢百骸的指揮者。如果不能夠得到充實，在是非之境，就不能夠辨別，又怎麼能夠去經營天下呢？

(九)天下有我！我有天下

天下是神用的東西，不可以靠人爲的造作來治理。用人爲的造作來治理，一定失敗，執着人爲不放的人，一定失治。從前許由所以看輕天下，不肯用自己來代替唐堯，因爲他心裏已經忘記了天下。許由所以能夠這樣是什麼原因呢？他認爲順天下就是天下的自然，天下的樞要，不在別處，是在我這裏；並不在別人身上，而在我自己身上；只要自己親身得到滿足，就等於一身已經具備天地萬物了。只要能夠透徹了解心術活動之理，嗜好貪欲喜惡愛憎自然就會放在心外了。這樣子就沒有什麼可喜的，也沒有什麼可惱的，沒有什麼快樂，也沒有什麼痛苦；萬物全部同一，沒有非，沒有是；千變萬化形形色色的現象，雖然非常的活動，卻都變成沒有欲望似的。天下屬於我所有，我亦屬於天下所有，天下和我難道還有什麼分別嗎？所謂的有天下的人，難道一定要掌握權勢，操着生殺的大權，可以隨意發號施令麼？我所說的有天下，並不是指的這些，只是自得天性而心裏滿足罷了。自得天性心裏滿足，天下也就對我滿足，我和天下互相得到滿足，就會永遠的天下有我，我有天下了，這樣那裏還會有不從容自在的呢？所以自己得到滿足，就是保全身體的完整；能夠保全身體的完整，就可以和道合爲一體了。

〔分析〕

這是說明得道者能够和自然相合，與天地渾爲一體。這樣才能從容自在。而不會被七情所拘。

㈢聖人處窮，不改其志

能夠和道合一，雖然是游於遠的江邊海岸，車上駕着日行萬里的馬，車上張着翡翠毛裝飾的傘盖，眼睛看着羽衣翩翻翻騰的舞蹈，耳朵聽着振動心弦的音樂，鄭、衞的歌女提高了清脆的嗓子，唱出悠揚顫動的聲調，到湖邊上射高飛的鳥，在苑囿裏面捕捉走獸。這就是一般凡民認爲非常快樂而沈迷的事情，聖人處在這樣的環境裏，不會因此而迷惑自己的精神，擾亂自己的志氣，致使心中迷糊而變動了他的性情。在窮困的時候，住在窮鄉僻野，伏藏在深山遠谷，隱居在榛莽荒草的地方，屋子裏空空的只有四壁，屋頂盖着茅草，用有刺的柴編門，使破瓮的口作窗，把門用桑條綁在門框上作開關的樞紐；這樣的屋子，上面漏雨，下面潮溼，屋的陰堂，滿地是水，霜雪紛紛，潤溼了菰蔣；所遊的地方是水草的大澤，所徘徊的地方是荒涼的山間。這就是一般凡民的生活，他們的形肌消瘦，面目黎黑，憂愁悲傷，認爲是最不得意的遭遇了。聖人遇到這種環境，一點也不會憔悴怨恨，更不會改易他自得其樂的態度。這是什麼緣故呢？因爲他內心通徹了天然的機靈，不會因爲貴賤貧富勞逸等境遇的不同，就失去他所抱持的志節和德行；就像烏鴉的叫聲永遠是啞啞，喜鵲的叫聲永遠是喈喈，難道曾經因爲冷熱燥溼的不同，而更改過牠們的聲音嗎？

〔分析〕

這是說明凡俗的人和聖人的差別。凡俗的人，常常沈迷在追逐情欲的快樂上面，聖人則不然，他不爲情欲所迷惑。凡俗的人，遇到窮困，就會怨恨和改變他的態度。聖人則不然，遇到窮困，無怨無尤，因爲他已了悟了天機，貫通了大道。所以能够處窮而不改他的心意。

㈢得道的人始終如一

所以得道已定的人，不會再顧慮萬物的推移的，不是因爲一時的變化，就決定自己所要得到滿足的是什麼。我所說的得到滿足，是把性命之情放到最安定的地方。性命和形體都出於一個本體，形體具備了，性命就完成，性命完成了，愛好和憎惡的情感就產生了。所以做一個士有固定標準的定論，做一個貞潔的女子有終身不改的節操。這個一定之論和不易之行，不像用規矩成方圓，用鉤繩成曲直，要圓就圓，要方就方，要曲就曲，要直就直那麼容易改變。它是像天地那樣永久不變的，登上了山丘，不能使他加長，居於低處，不會使他減短。所以，得道的人，貧窮的時候不會懼怯，富貴的時候不會驕傲；居在高位不會危險，保持滿盛不會傾覆；新的不會發亮，舊了不會退色；進到火裏不會燒焦，放到水裏不會沾溼。所以不須要有勢力就顯得尊貴，不須要有錢財就顯得富有，不須要有力氣就顯得勇武；像水那樣平正，能夠流向空虛低下的地方；像氣那樣神化，能夠飛向高空的天上。像這樣，就可以使金子藏在山中，使珍珠藏在水底；不愛寶貨錢財，不貪權勢名位。所以，不認為安逸就是快樂，不認為勞苦就是悲哀，不認為尊貴就是舒服，不認為貧賤就是危險。

〔分析〕

㈢養精神致和氣安形體可以應合萬物

形體、精神和志氣，各別得到它適宜的地方，以聽任天地自然的施為。形體是生命的住宅，氣是生命的存在，精神是生命的主宰，只要形氣神有一種脫離了本位，其他的兩種就會受到損傷。所以聖人要人各人安在各人的位置上，各人守在各人的職務上，而不可以互相干涉。因此，形體如果居住在不是它所安適的地方，而仍然居住在那裏，形體就會毀壞，氣志如果用在它所不該充實的地方，而仍然留在那裏，氣志就會泄盡，精神如果用在不是它所適的地方，而仍然用在那裏，精神就會昏暗，這三點是不可不愼重保守的。就拿天下萬物小到爬行蠕動的昆蟲來說，都知道它們所喜歡和討厭的，都知道怎麼有利和有害，何以如此呢？因爲它們都沒有離開本性，如果一離開本性，骨肉就會消滅。現在人的眼睛能夠看得明白，耳朵能夠聽得清楚，形體能夠動得靈活，關節能夠屈伸自如，觀察能夠分清黑白，比較能夠分出美醜，知識能夠辨別同異，判斷能夠明白是非，這是什麼緣故呢？是因爲其中充滿了氣志，精神在那裏主使的原因。怎麼知道是這樣的呢？凡是人的心志，各有所專注，精神就有了牽掛，走路的時候，就會跌跌撞撞，頭撞到了樹木，自己都不覺得；招他的人他看不見，叫他的人他聽不見，並不是他沒有耳朵和眼睛，可是他聽不見，看不見不能回應，是什麼原因呢？是因爲精神失去了它所守的本位了。精神如果在小的地方，就會忘掉大的，在裏面就會忘掉外面，在上面就會忘記下面，在左面就會忘記右面，沒有一個地方不充滿，沒有一個地方不存在。所以虛的可貴，就因爲即使細到像毫毛尖那樣小的地方，都有它存在之所。發狂的人不知道躲避水火的危難，而能夠跳過危險的溪溝，難道說他沒有形體、精神、氣志嗎？是因爲他用形體、精神、氣志和一般人不一樣，失去了他應該守住的本位，離開了他原來居住的地方，所以作爲不能夠恰當，做事不能夠合適，終身把自己的軀殼在彎曲凹凸的路上打轉，在黑暗齷齪的泥潭裏翻滾。雖然他是一個活人，和一般人相同，但卻免不了被人家所恥笑。這是爲什麼呢？因爲形體和精神完全脫離了啊！所以，用精神作主宰，形體隨着精神而得利；用形體作主宰，精神隨着形體而受害。貪饞多嗜欲的人，被勢利所昏迷，被名位所誘惑，企圖用超過別人的智巧站立在高高的世上，他的精神就會一天一天的消耗，越走越遠，長久在外泛濫，回不到自己的家；形體關閉了大門，不讓精神進來，精神就沒有地方進來了。所以天下常常有盲目、狂妄自失的禍患，這就像蠟燭一樣，火燃燒越旺，油就燒完的越快。精神和氣志，能夠維持安靜，一天一天的充滿，自然就會壯大起來；如果動作急躁，一天一天的消耗，那就一定會衰老下去。所以聖人常常保養自己的精神，柔和自己的氣志，安定自己的形體，不論高低進退，一切都知道相結合；該緩的時候就放寬，要急的時候就緊湊，放寬的時候像脫掉衣服，緊湊的時候像連珠箭發。這樣的話，萬物的變沒有不配合的，百事的變動沒有不適應的。

〔分析〕

精神是形體的主宰，形體是精神住宅。用精神必須用得合適，用得不合適，就會把精神失掉。精神不能用得過分，用得過分，就會一天一天的耗損。如果能使精神保持安靜，使它充盈，它才會天天壯大。但是要想使精神安靜壯大，就必須合道，才能夠應變無缺。

註釋

㈠歸趣：是指歸、旨趣的意思。趣亦有歸的意思。

㈡員，同圓。古代方圓的圓字，都用員。音義皆同。

卷第二俶眞訓

㈠夢時不知夢醒而知是夢

比方夢吧!在夢裏變成了鳥而飛翔在天空,在夢裏變成了魚而潛沒在深淵,當他在夢裏的時候,他自己不知道他在夢中。等他醒了以後,才知道他是在做夢。現在將要有一個大的醒悟,然後才知道,現在的這種境界實在是一場大夢。因爲當我沒有生的時候,怎麼能夠知生是快樂的呢?現在我也沒有死,又怎麼能夠知道死又是不快樂的呢?從前公牛哀變易了他的病,七天之後變成了一隻猛虎。他的哥哥開門進到房子裏去看他,那隻猛虎就把他哥哥撲殺了。所以外表的皮毛變成了獸,原來的爪牙也就會改變成獸的爪牙了。志氣和心靈都變了，精神和形體也會跟着變。所以當他變爲猛虎的時候，不知道他曾經是人；當他是人的時候，也不會知道他將要變爲猛虎。人虎二者彼此交替相代，乖互相背，而各自喜歡他變成虎又變成人。狂亂昏魯，是是非非沒有來由，誰知道它是怎麼產生的呢？

〔分析〕

這是說明人處在世上，所作所爲，就如同在夢裏的作爲一樣，不知道是對還是錯，必須要等待夢醒以後，才了悟到那是夢。如果一個人有了大的醒覺，對於生、死、喜、悲，自然就會同體而觀了。

(二)善保形神

水到了冬天，就凝結起來凍成了冰；冰到了春天，就化解開來溶成了水。冰溶成水，水結成冰，前後變化，就像環繞着跑來跑去一樣，誰有空去了解他苦還是樂呢？所以形體如果受寒冷、暑熱、乾燥、潮溼的困苦而受了傷，就會形枯而神傷。

精神如果被喜歡、憤怒、思想、考慮各種的禍患所傷，就會精神耗盡而形體有餘。所以老馬死了以後，因爲精神氣力用完了，剝它的皮就像枯槁了一樣。沒有老的狗死了以後，因爲精神氣力還沒有用完，割它的皮仍然是濡溼的。所以受傷害而死的，因爲他的精神氣力沒有用完，他的鬼就很會作祟使人生病。年紀到老而死的，因爲他的精神氣力用完了，他的鬼就會寂靜安定。這些都是不能夠形體和精神消失的。

〔分析〕

太史公曾經說過：凡人所生的原因是有神，而所託的是形體，神用的過分了就會用完，形體太勞累了就會破壞，形體和精神分離就會死。人死了不能夠再復生，形神分離了就不能夠再還原。所以聖人都很注意保養他的精神和形軀。因爲神爲生之本，形爲生之具，如果形神不保，還能做什麼事呢？

㈢道得一爲貴

道有行通連貫的順序，能得到道的根本，就可以連理千枝萬葉。所以得道的人，如果是尊貴的，就可以行施他的命令。如果是微賤的，就能夠忘掉他的卑賤。貧窮的人可以安居樂業。困頓的人可以解決危險。等大寒到了，霜和雪都下了，然後才知道松柏在歲寒的時候，是非常茂盛的。遭遇艱難，踏着危險，利害擺列在前面，然後才知道聖人在危難的時候，是不會失道的。所以能夠戴天的人，就能履地；能夠以太清爲鏡的人，他看的就會大明；能夠立太平的人，就能夠住大堂；能夠游於黑暗的人，就能夠和日月同明。所以用道作爲釣竿，用德作爲釣絲，用禮樂作爲釣鉤，用仁義作爲釣餌。把它投到江裏，浮在海上，萬物紛紛雜雜那麼衆多，那一樣不是爲道所有呢？

〔分析〕

凡事能够得到道的根本，就等於掌握了樞要，什麼事都可以迎刄而解。使貴者忘貴，賤者忘賤，居安去危，天地萬物，具爲道所有，所以道以得一爲貴，因爲道可以應萬物。

四與時變化

所以和至人居住在一塊，使一般人家忘記了貧窮，使王公大人簡約他的富貴而樂於卑賤，勇敢的人勇氣消失了，貪欲的人欲念消除了，坐着爲師的人不必施教，立着在朝的人不必議論。以虛而去的，帶着實回來。所以不用說話就能夠使人和適。所以最高的道就是無爲，無爲的道，像龍蛇一般，可大可小，能屈能伸，隨着時間而變化。外面從世風，內裏守性情，耳目不明，思慮不惑。他居神的地方，持簡以游於太淸，拔擢萬物，羣美因而萌芽發生。所以凡是勞神的人他的神就會離去，凡是休養神的人他的神就會停留下來。道出在一個根源，可以通於天門，散於六合（上下四方），施於沒有邊際的宇宙，而使整個宇宙寂寞虛無，一片寧靜。並不是有爲於物，而是順物的自然；物有爲於己，而是人爲的造作。所以，凡事能夠順於大道的，並不是由於道的作爲，而是由於道的自然施行。

〔分析〕

時代今古不同，事情遇合相殊，如果不能夠隨時應變，就會枘鑿難入。所以必須要像龍蛇一般，可大可小，能屈能伸，隨着時代的不同而變化相應，順着自然的時事而立事造功。

㈤萬物由一·不可離本

上天的覆蓋，大地的運載，上下四方的包裹，陰陽二氣的噓吹，雨露的濡溼，道德的扶持。這些全部生在一個天地之下，全在一個和氣之中。所以，槐樹榆樹和橘樹柚樹雖然不同，但是道可以把不同的變爲相同。有苗和三危雖然不同族，但是道可以把他們合爲一家。用眼睛看鴻鵠的飛翔，用耳朵聽琴瑟的聲音，但是心卻馳念在雁門的地方。在一個身體中，精神的分離，可以分判上下四方六合之中，心一馳念，可以遠達千萬里之遠。所以，就不同的觀點來看，肝膽雖然距離相近，但是二者的差別，就像北方的胡和南方的越相差那末遠。就同的觀點來看，天下的萬物同爲一隅。百家不同的學說，都有他們的來源。就拿墨翟、楊朱、申不害、商鞅的治道來說吧，就像蓋子上面的蓋弓，車輪中的直木，有蓋弓和直木可以備爲用數，沒有的話也不妨害蓋子和車輪的使用。但是他們自已都認自已的治道別人都不會用，這是因爲他們不能夠完全了解天地自然的情況。就以冶工鑄造器具來說吧！燒熔化的金屬，在鑪中滾來滾去的踊躍飛濺，一定有隨着流波外溢而揚棄的部分，這些落在地上而凝固的金屬，也和離了本體的東西一樣，那些東西雖然有小的用處，但是不能夠保存在周室的九鼎上。更何況和造形的本體相比呢？他們枝末的治術，和道相離實在太遠了。

〔分析〕

凡事物皆有根本，但是不可離開根本。離本的東西，雖然也有它的用途，可是只能小用而不能大用。治天下不可以離道，離道的治術，雖然不能說是無用，可是和大源的道相比，就像樹的根本和枝末，彼此相差實在太遠了。

㈥必知一而可以通萬方

現在的世界上，萬物的散布分列，百事的莖葉枝條，都是由一個根本，而枝分千萬的。像這樣子，就有所應了，而不是有所付，所應的就沒有付，而且是無所不應。因爲是無所不應，就像朝雲的聚合，蘊積起來變成雨，能夠沈沒萬物而本身卻不和萬物同溼。現在善射的人，有一定的法則，就像工匠有方圓規矩的方法一樣，都能夠因爲得到方法而達於巧妙。可是作車的奚仲不能夠像逢蒙那麼善射；而善於駕車的造父不能夠像善於相馬的伯樂。這是什麼原因呢？這是說，因爲一個人只能知道一隅而不能夠通達萬方之極的關係。現在用礬石去染黑色，染成的黑色比礬石的顏色黑；用靛青去染青色，染成的青色比靛青的顏色青。礬石不是黑，靛青不是青，但是礬石可染黑，靛青可染青，假使讓青遇到它的根本藍（靛青）、讓黑遇到它的根本涅（礬石），也不能夠再發生變化了。這是什麼原因呢？這是說明它愈轉變而愈薄。如果以未始有的礬石、靛藍造化顏色的根本來說，它的變化，就是鏤刻在金石上，或是書寫在歷史上，就沒有辦法把它的數量都舉出來。

〔分析〕

得本的人所得厚，得末的人所得薄。因爲得末者雖然有知有能，但是不能得萬方之巧。這就是告訴我們，凡事愈轉變而愈薄，所以必須得一知本，才可以守而不失。

(七)仁義立而道德廢

聖人把他的精神寄託在精神之宅的心中，而回復到萬物初生之前。那時是視而昏暗看不見，聽而寂寞沒聲音。但是聖人能夠在昏暗之中，特別看得清楚；在無聲之中，特別有所反應。他的用是由於不用而用，他不用而用然後能產生大用。他所知道的是由於不知道而知道，他不知道而知道然後能產生眞知。如果天不能夠穩定，日月就沒有運轉的地方；地不穩定草木就沒有生長的地方。這樣的話，所立身的地方也不能夠安寧，是非也就無法看得出來。所以有眞人，然後才會有眞知。他所掌握的不能夠明知，怎麼能夠知道我所說的知是不知呢？現在積的恩惠非常厚重，累愛受恩，以聲譽光采造成和氣，讓天下所有的百姓知道，欣喜歡樂，人人都能夠樂其天性的，就是仁了。完成大功，樹立顯名，明君臣之體，正上下之誼，辨別親疏，分出貴賤，保存危險的國家，接續斷絕的世代，定紛亂，理煩多，宗廟毀的重新興建，沒有後人的給他立後，這就是義。關閉身上的九個竅孔，藏起自己的心志，拋棄自己的聰明，恢復到無知無識的境地，罔然遊戲放蕩在塵俗以外，而逍遙自在於無事的境界。陰含於內，陽吐於外，使萬物能夠和同的，就是德。所以道散開來就是德，德滿溢出來就是仁義，仁義存在以後，道德就失去了。

〔分析〕

老子說：大道廢有仁義。仁義廢道德，並不是仁義不善。而是因爲道德存在，就不需要仁義。現在道德失去了，需要用仁義來代替道德，那不是下降一個層次了嗎？同時道德是天生的，自然的。而仁義是人爲的，人爲的就可以作僞，就可以利用，對自然的道德來說，是發生了破壞以後，才產生仁義的。那不是證明不如道德嗎？

(八)不失其精則神可以安

一百圍粗的樹木，把它截斷來作犧尊，用巧匠彎刀來雕刻它，用青黃的色彩，刻上華美的花朵，龍蛇虎豹的形狀，來顯現雕刻的美。但是，當它斷在溝裏的時候，比一比犧尊和溝裏的斷木，醜陋和美好二者的距離相去就很遠了。可是二者失去本性欲是相等的。所以精神散而不能集中的人，他的話就會華而不實。道德蕩失而不能保持的人，他的行爲就會僞而不誠。在心中沒有至精存在，而把言行表現在外面，這就免不了以身役於物了。一個取捨行僞的人，因爲精神求於外的關係，精神有盡的時候，但是行爲欲望沒有窮盡。這樣奸利的心蒙蔽了精神，惑亂了他的根本。他所堅守的根本不能穩定，而被外來的世俗風氣迷誘，所斷取失誤的原因，是因爲清明的內心已被混濁所蒙蔽。所以終身猶豫，而不能夠得到一時的恬澹和安靜。

〔分析〕

人必須時時刻刻保持精神的安靜，才能夠不失他的本性。如果本性被蒙蔽了，心中就不會有精誠存在，沒有精誠存在，表現於外在的言行，就會爲外物所役。人爲外物所役，就會惑亂他的根本，根本惑亂的人，精神還能夠安定嗎？

(九)聖人和眞人

聖人注重他內在的道術修養，而不注重外表的仁義裝飾；他無聞無見對耳目的喧囂，而能夠使精神游於清和之境。這樣子，下可以度量三重之泉，上可以以探測九方之天，橫包上下四方，分貫萬物。這就是聖人所游的了。至於眞人，他溶化在至虛的境地，游於滅亡的曠野，騎着蜚廉，跟着敦圄，馳騁在世外，休息在宇內，以十日作燭，以風雨爲使，以雷公做臣，以夸父做僕，以宓妃做妾，以織女做妻。天地之間，什麼能夠使他留心的呢？所以虛無是道的家宅，平易是道的本性。人常常治他的神而煩他的精，爲了名利而求於外，這都會失掉他的神明，而脫離精神之宅的。所以受凍的人，想在春天穿厚的衣服；受熱的人，想秋天吹涼爽的冷風。體內有病的人，一定有病容表現在外。苦歷的皮用水泡後變色青，可以治人眼裏的膚翳，而蠃蠡可以治眼裏的白翳。這些都是治眼睛的藥，人沒有原因而求這種東西，一定是爲了眼睛看不見的人。聖人所以能夠驚動天下，眞人不曾過，賢以所以能夠矯正世俗，聖人不曾覯。所以牛蹄印裏面的水，沒有一尺長的大鯉魚，一塊土阜的小丘，沒有一丈長的大木材。造成這樣的結果，是什麼原因呢？都是因爲他的營宇太小，而不能夠容納巨大的東西啊。又何況以無形的東西呢？這個正像高山和深淵的形勢一樣，兩者的差別可以說太大了。

聖人和真人，知廣而容大，所以不求於外。

㈡儒墨列道而議

周室的衰落，而使王道不行。儒家的孔子之道，墨家的墨子之術，就開始列道互相議論，分別黨徒而爭是非。於是用自己的博學廣知來懷疑聖人，用虛華不實的話來誣蔑聖人，刼脅徒衆。用弦歌音樂，鼓舞節奏，以增飾詩、書，而收買名譽於天下，升降揖讓的禮節加多了，衣服帽子的服飾美化了。集合了那麼多的人，不能夠來盡他的變化，聚積了那麼多的錢財，不能夠充足他的費用。於是天下所有的百姓，就開始忘了他該行的道路而自異於衆了。每個人都希望實行他的造作的知巧，以求合於格格不入的人世，來擇取求索榮顯的名利。所以天下的百姓變向了荒淫的境地，而失去了他所宗奉的根本。因此世上的人都喪失了性命，這是因世衰而漸漸形成的，它的由來可以說很久遠了。

〔分析〕

這是就儒、墨顯學所加的批評。由於儒、墨的列道而議，反使人間多事。求榮顯，取名譽，漸漸走向荒淫之途，失去了根本，喪掉了性命。世人所以有這樣損失，就是因爲離道的原因啊！

㈡返性於初游心於虛

所以聖人之學，主要的是要返性於初，而游心於無欲的虛靈之境。達人之學，主要的是要通性於遼廓，而覺之於空無寂寞。至於像俗世之學，就不是這樣的了。而是取德縮性，內有思慮之愁，外有耳目之勞。於是招微小、振細物的毫末，搖動仁義禮樂，使它不能實行。猝行揚智於天下，以求名號聲譽顯揚於世。這是我覺得羞恥而不去做的。所以，與其說得到天下，反不如有人喜歡他，與其說有人喜歡他，反不如遊戲於物之終始，而條理通達到有無之間。所以全世界的人稱讚他，他也不會有所自勉；全世界的人非毀他，他也不會有所沮喪。他能夠安於生死——生而不樂，死而不憂。他能夠達於榮辱——榮而不喜，辱而不恥。這樣雖然有炎火延燒，洪水橫流於整個天下，但是胸中卻沒有虧損欠缺一點精神。像這樣，看天下世間輕微得像飛羽和草芥。誰願意心中念念以物爲事呢？

〔分析〕

能夠反性於初、游心於虛的人，就可以做到無求無欲。一個人能夠無求無欲，他就會看輕一切。甚且能夠安於死生，而達於生而不樂，死而不憂的境界。人到了這種境界，視天下輕如飛羽，賤如草芥，自然不會心中念念以物爲事了。

三人性安靜

水的性質純清，而土亂之使它混濁；人的本性安靜，而嗜好欲望亂之使它貪求。人所接受於自然的，耳朵對於聲音，眼睛對於顏色，嘴巴對於味道，鼻子對於香臭，肌肉和皮膚對於寒冷和炎熱，其實都是一樣的。但是有的就能夠通於神明，有的卻不免顛狂癡迷，這是什麼原因呢？這是因爲他所作的制度不同。所以神是智的淵泉，淵泉淸潔，智就會明徹，智是心的府宅，智能夠公正，心就會平和。所以，人不在流動的水面照自己的影子，而在靜止的水面照自己的影子，就是因爲止水是安靜的；不窺看自己的影子在生鐵上，而窺看自己的影子在明鏡裏面，因爲明鏡看見自己的影子比較容易。唯有容易和安靜，能夠顯現出物的眞性。由這些地方看來，用一定要假借於不用。所以心身生道，吉祥就會到來。明亮的鏡子，灰塵和泥垢不能夠汚染它；神智清的人，嗜好和欲望不能夠擾亂他。精神已經散失到外面，而用末事恢復它，這樣不是失掉了根本嗎？事情捨去根本，而向枝末去求，怎麼能夠求得到呢？

〔分析〕

人性安靜，是由於不被嗜欲所亂，這樣才能常保神智的澄澈。唯有澄澈的神智，才能夠使心平和公正。而平和公正的心，就像沒有塵垢汚染的鏡子，它永遠是明亮的。所以，人不可以使澄澈的神智喪失掉，就像事情的根本不可喪失是一樣的。

㈢由末返本的困難

古代治天下的人，一定通達性命的實情，他的擧動和措施不必相同，但是他們能夠和道相合，卻是一樣的。夏天的時候不穿皮裘，並不是捨不得穿，是因爲身上的溫度太高了。冬天的時候不用扇子，並不是故意簡單，是因爲淸涼多得過度了。所以聖人量度自己的肚子而後吃，量度自己的身形而後做衣服。這些都是爲了節制自己罷了，像這樣，貪汚的心意從什麼地方產生呢？所以能夠有天下的人，他一定不以天下爲有爲，能夠有名譽的人，他一定不用積極的態度去追求。聖人有想要達於天下的目標，能夠達於天下，那麼嗜好貪欲的心就會被拋棄了。孔子、墨翟的弟子們，都用仁義的道術敎導世上的人，然而免不了身不見用，而尙不能夠實行，何況他們所敎的呢？這是什麼原因呢？因爲孔、墨之道是表面的，而不是根本的。用末要求恢復到根本，這是許由所做不到的，又何況是一般的凡人呢？

〔分析〕

老子說：重爲輕根，靜爲躁君。因爲事有本末，凡事必須以本爲先，以末爲後。如果只見到表面，不了解根本，想要用末來恢復根本，那是非常困難的。我們能知此義，就不會捨本逐末了。

四一國同伐不可久生

眼睛可以細察毫毛的尖端，耳朵聽不到雷霆的響聲；耳朵可以分辨玉石的音樂聲音，眼睛看不到泰山的高大。這是什麼原因呢？因爲注意了小的，而把大的忘了。現在萬物拔取我的性，攪取我的情。就像泉源一樣，雖然不想動用，那裏可能呢？現在種樹木的人，用暴溢的水去灌溉，用肥沃的土壤去培植。一個人培養它，十個人拔取它，那一定不會有剩下的餘蘖。更何況和整個國家的人，一同去砍伐它，雖然想要它長久生長，怎麼可以做得到呢？現在用一盆水放在庭上，澄淸它一整天，不能夠照見眉毛和眼睛。要使它混濁，不過一攪，就不能詳察方圓了。人的精神容易混濁而難淸明，也就像盆水一樣，澄淸很難，攪混很容易。更何況一世都在惑亂它，怎麼能夠得到一會兒的平靜呢？

〔分析〕

人的精神，使它混濁容易，使它澄清很難。就像一盆水一樣，要使它混濁，不過一攪而已。但是要它澄清，却不是一時就能夠做到。就像我們所處的世界，一直都在迷亂它，怎麼能夠使它安靜呢？就像樹木，全國的人都去砍伐它，它還能夠長久生嗎？

㈤至德之世和失道之世的景象

古代的時候，有個至德之世，這個世代，商賈便於作生意，農夫歡喜從事於耕作，做官的大夫能夠安於他的職事，隱居的處士能夠修他的大道。當這樣的世代，風雨不會毀折房屋，草木不會早凋零，九鼎非常的厚重，珠玉非常的潤澤。洛水出現了丹書，河水出現了綠圖。所以許由、方回、善卷、披衣四位高士，都能夠達到樂修先王之道。這是什麼原因呢？當時的世主，有想要為天下謀福利的心志，所以當時的人，能夠自得其樂在那個時代裏。像許由、方回、善卷、披衣四個人的才幹，並不能夠完全好過現在的時代，然而現在的人沒有人能夠和他同名譽的，這是因爲他們遇到了唐堯、虞舜那樣的盛世。後來到了夏桀和殷紂王的時代，把活人燒死，把諫正的人加罪，鑄成金柱，施行炮烙的酷刑，挖出了賢人比干的心，剝解有才之士的腳，把鬼侯的女兒剁成肉醬，把梅伯的骸骨葅碎。當這個時候，嶢山崩塌了，三川涸竭了，飛鳥折斷了翅膀，走獸毀壞了蹄腳。這個時候，難道竟然沒有聖人嗎？是因爲聖人不能夠通他的大道，行他的敎化，所以不遭其世。鳥高飛到千仞以上的高度，獸奔走到叢林薄莽裏面，災禍還會加到它們身上，况且是那些用木柴編成門的凡民呢？從這些方面看來，體道的人，並不專在我自己，和整個世界都是有關連的。

〔分析〕

這是說明至德之世的賢人，都能夠得到名譽，因爲他們遇到了唐堯、虞舜的盛世。後世的賢人，並不是不如前世，而慘遭殺戮的酷刑，那是因爲聖人的大道不行，敎化不彰。所以體道的人，不專在我自己，而與整個世界都有關係。因爲至德的人，存心爲天下謀福。反之，則是爲天下造禍了。

(六)境遇所遭不能自免其身

從前像歷陽那麼大的都會，在一夕之間變成了湖泊，在這種不可抗拒的變化下，勇敢有力的人，聖賢知能的人和罷懶懦怯的人，不賢不善的人，都同遭一樣的命運。在巫山頂上，順着風放火，在這種順勢延燒下，像膏夏的大木，仙藥的紫芝和蕭、艾那樣的賤草，都同樣被燒死。所以河水中的魚，因爲水濁，而不能夠明目；稚嫩的禾苗，因爲霜害，而不能夠成熟。這是因爲它所生的環境而使它如此的。所以世界太平，就是愚笨的人，也不能夠單獨爲亂；當世界混亂，就是聰明的人，也不能夠單獨治理。身處在濁世裏面，而責怪大道不能夠實行，這就像把兩匹千里馬雙雙的羈絆在一起，而還要求它能夠走千里的遠程一樣。把猿猴關在檻檻裏，就和猪一樣，並不是猿猴不夠巧捷，因爲它受了限制，沒辦法極盡它的本領。舜在耕田和做陶工的時候，不能夠讓他同里的居民全都受到利益。在他南面稱王的時候，恩德可以普施於天下。這並不是說仁可以增多，而是因爲所處的地位方便，所居的形勢有利。古代的聖人，他能夠和柔愉悅安寧清靜，這是他的眞性；他能夠得志行道，這是天命。所以性遇到命然後能夠行道，命得到性的清靜，所以能夠清明。像烏號那麼有名的良弓，谿子國出產名弩，都不能夠沒有弦可以射，越國造的舲船，西蜀造的大船，都不能夠沒水就浮起來。現在要射的箭在上，張開的網罟在下，雖然想要翺翔遠飛，他的情形如此，怎麼能夠得到呢？

〔分析〕

人不分賢愚，在不可抗拒的壓力下，命運相同；物不分貴賤，在不可避免的災禍下，同時被毀。環境限制人的發展，限制動物的活動。所以，舜在做陶工的時候，不能夠有益於鄰居，當他南面稱王的時候，卻可以造福於天下。所以，良弓美箭，沒有弦就不能射；舲船巨艦，沒有水就不能浮。由此可以了解，環境對於人事多麼重要了。

卷第三天文訓

㈠天地日月星辰的形成

天地沒有形成的時候，一片混沌無形無象，所以名叫做太昭（始），太始生虛霩，虛霩生宇宙，宇宙生氣，氣開始有了邊際。清輕的陽氣，向上飄浮飛揚形成了天；重濁的陰氣，向下凝結沉墜形成了地。清妙的陽氣相合專一容易，重濁的陰氣凝結完成困難，所以天先完成，而地後穩定。天地合精氣變成了陰陽，陰陽專精分成了四時的春夏秋冬，四時把精氣散開化成萬物。把陽的熱氣積聚起來會生火，火氣的精就成了太陽；把陰的寒氣積聚起來成了水，水氣的精就成了月亮。太陽和月亮的淫氣生精，淫氣生的精就成了星辰。天接受了日月星辰，地接受了水潦塵埃，所以天上有日月星辰，地上有水潦塵埃。從前共工和顓頊爭做帝王，共工生氣而用頭去牴不周山，結果支撐天的柱子被他碰折了，維繫地的繩子被他碰斷了，天傾斜了，變得西北方高，所以日月星辰也都移動了；地變得東南方低，所以水潦塵埃都歸向東南。

〔分析〕

這段話有兩個地方我們須要了解的。一、淮南子書上認爲星辰是日月的淫氣所生，那是錯誤的。二、中國的地形，西北方高，東南方低。因此河流都流向東南。而共工氏觸不周山的故事，只是上古時代很有趣的一個神話。

(二)人主之情上通於天

天是圓的，地是方的。方所主的是幽暗，圓所主的是光明。光明是吐氣的，所以代表日，它的光是外現的；幽暗是含氣的，所以代表月，它的光是內斂的。吐氣的主施生，含氣的主化生。所以陽主施，陰主化。天的偏氣爲怒就形成了風，地的含氣爲和就形成了雨。陰氣和陽氣相迫，彼此感動就形成了雷，彼此相激就形成了霆，亂而變成了霧，如果陽氣勝的話，霧散開來成爲雨露，如果陰氣勝的話，霧散開來成爲霜雪。有毛羽的鳥獸，是屬於飛翔和奔行的一類，所以它們是屬於陽的；有介鱗的蚌魚，是屬於蟄藏和潛伏的一類，所以它們是屬於陰的。太陽是陽氣之主，所以春夏的時候，所有的獸都除毛。到了冬至的時候，麋角解，到了夏至的時候，鹿角解。月亮是陰氣之宗，所以月虧的時候，魚腦就減縮，月死的時候，蠃蛖肉不滿。火向上炎，水向下流，所以鳥順火性飛向高處，魚順水性動而向深處。物類彼此相感動，本末是相應的，所以陽燧見到太陽就燃燒而生出了火，方諸見到月亮就生津而變成了水。當猛虎長嘯的時候，山谷就會生風；當長龍騰空的時候，空中就會興雲；麒麟相爭鬪，就會發生日蝕和月蝕；鯨魚死亡了，彗星就會出現；蠶弄絲在口中，商音的弦就會斷絕；孛星向下隕落，大海的水就會倒灌。人主的精誠，可以感通上天，所以誅殺暴亂，就會有迅烈的飄風；枉曲法令，就會引起蟲螟的災害；殺沒有罪的人，國家就會旱；犯時的命令不收，就會落雨成災。所以，四時的春、夏、秋、冬，是天吏；日月是天使；星辰是天之會；虹蜺和彗星，是天之忌禁。

〔分析〕

這段文字，是說明自然界的感應和變化，這裏的見解，並不是都對的，如霧雨露霜雪等。但是，在這裏有一個特別的地方，我們須要去體會的。那就是人主以精誠感通上天的說法。我們現在看了這種思想，也許覺得可笑。其實在古代這種思想是有很大的作用的。他們希望能够藉着精誠感天的思想，使人君不可妄爲，人民不可妄動。政令不可曲，刑罰不可枉。這樣豈不是藉天成化了嗎？

㈢天有九野五星八風二十八宿

天有九天之野，共計九千九百九十九隅，離地五億萬里（開元占經及太平御覽五億萬里均作億五萬里），有五星、八風、二十八宿，有木、火、土、金、水五官，有木府、火府、土府、金府、水府、穀府六府，有紫宮、太微、軒轅、咸池、四守、天阿等星。

〔分析〕

這是說明天體所包含的星宿及六府等。

四什麼叫做九野

什麼叫做九野呢？中央叫做鈞天，鈞天的星有角、亢、氐；東方叫做蒼天，蒼天的星有房、心、尾；東北叫做變天，變天的星有箕、斗、牽牛；北方叫做玄天，玄天的星有須女、虛危、營室；西北方叫做幽天，幽天的星有東壁、奎、婁；西方叫做顥天，顥天的星有胃、昴、畢；西南方叫做朱天，朱天有觜巂、參、東井；南方叫做炎天，炎天的星有輿、鬼、柳七星；東南方叫做陽天，陽天的星有張、翼、軫。

〔分析〕

這是說明九天的方位，以及九天裏面，各包括了那些星宿。

㈤什麼叫做五星

什麼叫做五星呢？東方爲木，所祀的帝是太皞，他的輔佐是句芒，句芒執規，而主治春天；他的神爲歲星，他的獸是蒼龍，他的音樂用角，他的日用甲乙，因爲甲乙都是屬木的。南方爲火，所祀的帝是炎帝，他的輔佐是朱明，朱明執衡，而主治夏天，他的神爲熒惑，他的獸是朱鳥，他的音樂用徵，他的日用丙丁，因爲丙丁都是屬火的。中央爲土，所祀的帝是黃帝，他的輔佐是后土，后土執繩，而主治四方，他的神爲鎭星，他的獸是黃龍，他的音樂用宮，他的日用戊己，因爲戊己都是屬土的。西方爲金，所祀的帝是少昊，他的輔佐是蓐收，蓐收執矩，而主治秋天，他的神爲太白，他的獸是白虎，他的音樂用商，他的日用庚辛，因爲庚辛都是屬金的。北方爲水，所祀的帝是顓頊，他的輔佐是玄冥，玄冥執權，而主治冬天，他的神爲辰星，他的獸是玄武，他的音樂用羽，他的日用壬癸，因爲壬癸都是屬水的。

〔分析〕

這是說明五星的方位、時令，以及所祀的五色之帝。五帝的神是什麼，所用的音樂是什麼，都在這裏有分別的記載。

㈥什麼是二十八宿

太陰在卯酉子午四面之中的時候，歲星在卯星而守須女虛危，所以行三宿。太陰在丑鉤辰、申鉤巳、寅鉤亥、未鉤戌四鉤的四角的時候，歲陰在寅歲星在斗牛，所以行二宿。太陰在四鉤的時候是丑寅辰巳未申戌亥，行二宿，所以二八十六宿；太陰在四仲的時候是卯酉子午，行三宿，三四十二宿，十二宿加十六宿，爲二十八宿。行二宿的共八年，行三宿的共四年，所以行二十八宿，共爲十二年。二十八宿是東方角、亢、氐、房、心、尾、箕，北方斗、牛、女、虛、危、室、壁，西方奎、婁、胃、昴、畢、觜、參，南方井、鬼、柳、星、張、翼、軫。

〔分析〕

這段主要說明什麼是二十八宿。首先說明二十八宿行徧一週，須要十二年。十二年也稱爲「一紀」。其次把二十八宿的星名都擧出來了。

七什麼是八風

什麼是八風呢？離日冬至四十五天，條風到來。條風到來以後，四十五天，明庶風到來。明庶風到來以後，四十五天，清明風到來。清明風到來以後，四十五天，景風到來。景風到來以後，四十五天，涼風到來。涼風到來以後，四十五天，閶闔風到來。閶闔風到來以後，四十五天，不周風到來。不周風到來以後，四十五天，廣漠風到來。條風到來的時候，就把輕囚放掉，把稽留的人送回去。明庶風到來的時候，就正疆界，治田疇。清明風到來的時候，就拿出幣帛來施恩惠，聘問諸侯。景風到來的時候，就封爵位給有德的人，獎賞金帛給有功的人。涼風到來的時候，就祭地以報答地的恩德，並祭祀四方的神。閶闔風到來的時候，把懸掛的樂器收起來，琴瑟都不打開。不周風到來，就修治宮室，繕修邊地的城池。廣漠風到來，就把關卡橋樑關閉，並處決受刑罰的人。

〔分析〕

八風就是八個方向的風，就是東、東南、南、西南、西、西北、北、東北。古代測驗氣候，考察時令，然後才依時耕作和辦事。也根據這種自然的天象，來推行政令。

(八)什麼是五官

什麼是五官呢？東方的官，官名叫做田，所主管的是農事。南方的官，官名叫做司馬，所主管的是軍事。西方的官，官名叫做理，所主管的是法務。北方的官，官名叫做司空，所主管的是工務。中央的官，官名叫做都，所主管的是四方的事務。

〔分析〕

這是說明五官所掌管的工作。農、兵、法、工爲春夏秋冬之官。中央之官管四方。

九、什麼是六府

什麼是六府呢？所說的六府，就是子午、丑未、寅申、卯酉、辰戌、巳亥。太微星是天子的庭堂。紫宮是太一神所居住的地方。軒轅星是帝妃的居舍。咸池星是水魚神的苑囿。天阿（亦作天河或兩河）星是羣神的門戶。以上的紫宮、軒轅、咸池、天阿四宮，所主管的是賞罰。太微星所典管的是朱雀。紫宮執管斗星而向左旋轉，每天行一度作爲一周天，日到冬至，就到了南極峻狼之山。日每天移一度總共行一百八十二度八分度之五而到了夏至，日到了北極牛首之山，反覆來回一次，三百六十五度四分度之一而成爲一年。

〔分析〕

這是就六府諸星的轉移來說明時令的。六府的諸星，反覆旋轉一周，所須要的時間，正好是一年。

卷第四地形訓

㈠地形的範圍

地形所包括的範圍，在六合之間和四極之內。而六合之間和四極之內，都是日月所照的和星辰所經的。用四時春夏秋冬相序，用太歲正天時。天地之間有九州，有八極，土地上有九座山，山上有九個要塞，澤有九個大澤，風有八個等級，水有六種品質。

〔分析〕

這是就天地間東南西北四面八方所有的山、川、塞、澤，而加以說明的，很像現在的自然地理學。因為這裏所說的地理範圍，已有天文地理和地文地理的形式。像星辰、太歲和風，都是天文地理；山川水陸，都是地文地理。

(二)什麼叫做九州

什麼叫做九州呢？東南方有神州，叫做農土。正南方次州，叫做沃土。西南方有戎州，叫做滔土。正西方有弇州，叫做并土。正中央有冀州，叫做中土。西北方有臺州，叫做肥土。正北方有泲州，叫做成土。東北方有薄州，叫隱土。正東方有陽州，叫做申土。

〔分析〕

這裏所說的九州，是指四面八方和中央的土地而言。同時也說明了四面八方的土質。

(三)什麼叫做九山

什麼叫做九山呢?會稽山,泰山,王屋山,首山,太華山,岐山,太行山,羊腸山,孟門山,合起來稱爲九山。

〔分析〕

會稽山在會稽郡,就是現在的浙江紹興。泰山在泰山郡,就是現在的山東泰安。王屋山在河東垣縣,就是現在的山西的陽城縣西南,西入垣曲縣。首山在蒲坂南河曲之中,就是現在的河南偃師。又名首陽山是伯夷所隱的地方。太華山在弘農郡,就是現在的陝西華陰。岐山在扶風郡美陽縣,就是現在的陝西的岐山縣。太行山在上黨郡,太行關在河內野王縣。就是現在的山西長治和河南的沁陽一帶。羊腸山在太原晉陽西北九十里,就是現在的山西晉城。孟門山爲太行之限,在現在的山西吉縣和陝西宜川縣之間。

(四)什麼叫做九塞

什麼叫做九塞呢？在山西的太汾，弘農的澠阨，楚地的荆阮和方城，弘農的殽坂，常山通往太原的井陘，遼西的令疵，雁門陰館的句注，上谷沮陽之東的居庸，合起來稱爲九塞。

〔分析〕

太汾塞在現在的山西。澠阨在現在的河南澠池縣。荆阮在現在的湖北。方城在現在河南的方城及葉縣。殽坂在現在河南的西部。井陘在現在的河北井陘。令疵在現在的河北遷安縣，又名令支。句注在現在的山西雁門。居庸在現在的河北和察哈爾懷來之間。這些要塞，在古代都是很重要的軍事重地。

(五)什麼叫做九藪（澤）

什麼叫做九澤呢？那就是越的具區澤，楚的雲夢澤，秦的陽紆澤，晉的大陸澤，鄭的圃田澤，宋的孟諸澤，齊的海隅澤，趙的鉅野澤，燕的昭余澤。合起來稱為九澤。

〔分析〕

具區澤又名震澤，就是現在的太湖。雲夢澤本在湖北，因與今洞庭湖一帶相連所以注說在南郡華容，那就是指的洞庭湖了。陽紆在現在的陝西涇陽縣。大陸澤在現在的河北任縣東北，又名廣河澤。圃田澤在現在的河南中牟縣。孟諸澤在現在的河南商丘，並有孟豬、望諸、明都、盟諸等名。海隅澤在現在的山東臨海之地，都是古代的海隅澤。鉅野澤在現在的山東鉅野縣，又名大野澤。昭余澤在現在的山西太原祁縣。

(六)什麼叫做八風

什麼叫做八風呢？東北方的風叫做炎風，別名又叫做融風。東方的風叫做條風，別名又叫明庶風。東南方的風叫做景風，別名又叫清明風。南方的風叫做巨風，別名又叫愷風。西南方的風叫做凉風。西方的風叫做飂風，別名又叫閶闔風。西北方的風叫做麗風，別名又叫不周風。北方的風叫做寒風，別名又叫廣漠風。合起來稱爲八風。

〔分析〕

炎風又名融風。條風又名明庶風。景風又名清明風。巨風又名愷風。凉風又名西南風。飂風又名閶闔風。麗風又名不周風。寒風又名廣莫風。

(七)什麼叫做六水

什麼叫做六水呢？那就是河水，赤水，遼水，黑水，江水，淮水，合起來稱爲六水。

〔分析〕

河水就是現在的黃河，古代稱爲可或可水。赤水在現在的青海。遼水就是現在的遼河，源出碣石山，至遼東入海。黑水古代名黑水者很多，這裏是指雝州的黑水。江水就是現在的長江，也稱爲江或江水。淮水就是現在的淮河，源出於桐柏山，古名淮或淮水。

㈧四海之內的大小山川

在整個四海以內，東西橫二萬八千里，南北縱二萬六千里。水道八千里。通谷有六條，有名的河川有六百條。陸地的邪徑三千里。夏禹使太章從東極步行到西極，共計二億三萬三千五百里七十五步。使豎亥從北極步行到南極，共計二億三萬三千五百里七十五步。凡是大水深澤，自三百仞深以上的，共二億三萬三千五百五十九個。夏禹用息土來塡洪水，而成爲大山，平昆侖虛使它低於地面，昆侖虛裏面有重城九座，它的高度一萬一千里，厚度百一十四步二尺六寸。昆侖虛上生長了木禾，它的長度有四十尺。在木禾的西邊生有珠樹、玉樹、琁樹和不死的樹；在木禾的東邊生有沙棠樹、琅玕樹；在木禾的南邊生有絳樹；在木禾的北邊生有碧樹和瑤樹。旁邊有四百四十門，門與門的間隔爲四里，里與里的間隔爲九純，一純爲一丈五尺。旁邊有九口井，用受不死藥的玉彭，支撑在西北的一隅，開着北門以接受不周風，宮滿一頃，用旋玉裝飾房子。縣圃山、凉風山、樊桐山在昆侖虛閶闔門裏面，是昆侖虛的疏圃，疏圃的池裏，灌滿了黃水，黃水三周以後，恢復他的本原，就叫做白水，喝了以後可以不死。

〔分析〕

這是記載四海之內的大小山川和東西南北的縱橫長度。其中兼有神話的味道，如疏圃裏灌黃水，三周變白水，白水喝了不死之類，都是近乎神話。

(九)神泉與靈地

河水出於昆侖山的東北隅，流進了渤海，河水從夏禹開通的積石山流出來。赤水出於昆侖山的東南隅，向西南流，注進了南海丹澤的東邊。赤水的東邊弱水，從窮石山流出來，流到合黎，下游流入了流沙，通過流沙，向南注入了南海。洋水出於昆侖山的西北隅，流進了南海羽民的南面。以上這四條河的水，爲天帝的神泉，可以用來和百藥，滋潤萬物。從昆侖山再上高一倍，就是所說的涼風山，能夠上到涼風山上，就可以不死。從涼風山再上高一倍，就是所說的懸圃山，能夠上到懸圃山上，就可以通靈，能夠使喚風雨。從懸圃山再上高一倍，就上到天山了，能夠上到天上，就是神仙了，這就是所說的天帝所居之處了。扶桑在東方的陽州，是日出的地方。建木在南方的廣都山，是衆天帝上天下地的地方，太陽正中的時候，因爲直在人上，所以沒有影子，呼叫的時候沒有回應，這因爲是天地的正中央的關係。若木在建木西方，它的末端有十個太陽，光照在地面上。

〔分析〕

這裏所記載的神泉和靈地，都是修道的人所嚮往的地方和物品。神泉可以和百藥而潤萬物。至於靈地，由昆侖而上涼風山就可以不死，由涼風山而上懸圃山就可以通靈，由懸圃山而登天就可以成神仙。充分的說明了神仙道家的神祕。

(二)九州之外的八殥八澤

九州的大邊緣，方一千里。九州以外還有八殥，亦是方一千里。從東北方開始，有兩個澤，一個叫做大澤，一個叫做無通。東方有兩個澤，一個叫大渚，一個叫少海。東南方有兩個澤，一個叫具區，一個叫元澤。南方有兩個澤，一個叫大夢，一個叫浩澤。西南方有兩個澤，一個叫渚資，一個叫丹澤。西方有兩個澤，一個叫九區，一個叫泉澤。西北方有兩個澤，一個叫大夏，一個叫海澤。北方有兩個澤，一個叫大冥，一個叫寒澤。共計八殯八澤，八澤的雲，可以使九州致雨。

〔分析〕

殯是遠的意思，八殯是指九州外八方的遠處。八殯爲八，而八澤實際上所說的爲十六澤。並說明這些澤是致雨根源。

㈡八殯之外的八紘

在八殯的外面，還有八紘，也是方一千里。自東北方開始，一個叫做和丘，一個叫做荒丘。在東方的，一個叫做棘林，一個叫做桑野。在東南方的，一個叫做大窮，一個叫做衆女。在南方的，一個叫做都廣，一個叫做反戶。在西南方的，一個叫做焦僥，一個叫做炎土。在西方的，一個叫做金丘，一個叫做沃野。在西北方的，一個叫做一目，一個叫做沙所。在北方的，一個叫做積冰，一個叫做委羽。凡是八紘的氣，可以生寒暑，來配合八風，這樣一定能夠有風雨。

〔分析〕

這是說明在九州八殥的外面，還有八紘。紘是維的意思，等於說是支持天的八根柱子。但是八紘的氣，可以生風雨。

㈢八紘之外有八極

在八紘的外面，還有八極。從東北方開始，叫做方土之山，木主青色，所以叫做蒼門。在東方的叫東極之山，因爲是日出的地方，所以叫做開明之門。在東南方的，它叫做波母之山，因爲純陽用事，所以叫做陽門。在南方的，它叫做南極之山，因爲南方是盛陽積溫所在，所以叫做暑門。在西南方的，它叫做編駒之山，因爲西南爲金氣之始色白，所以叫做白門。在西方的，它叫做西極之山，因爲在八月之時大聚萬物而閉之，所以叫做閶闔之門。在西北方的，它叫不周之山，因爲北方玄冥將始用事順陰而聚，所以叫做幽都之門。在北方的，它叫做北極之山，因爲是積寒所在，所以叫做寒門。凡是八極的雲，可使天下致雨。而八門的風，又可以調節寒暑。八紘、八殥、八澤的雲氣，可以使九州下雨，而調中土。

〔分析〕

這是說明八門的風，可以調節寒暑之氣。而八紘、八殥、八澤的雲，可以使九州下雨，而調和中土。這種說法和現在的氣象學很相近。

(三)各方的產物

東方產物美好的，有醫母閭山的珣玗琪最爲著名。東南方產物美好的，有會稽山的竹箭最爲著名。南方產物美好的，有梁山的犀角象牙最爲著名。西南方產物美好的，有華山的金石最爲著名。西方產物美好的，有霍山所產的珠玉最爲著名。西北方產物美好的，有崑侖山的球琳琅玕最爲著名。北方產物美好的，有幽都的筋角最爲著名。東北方產物美好的，有斥山的文皮最爲著名。中央產物美好的，有岱嶽所生產五穀桑麻魚鹽最爲著名。

〔分析〕

這是說明各方的產物，因地區的不同，所以產物也就各異了。

(四)各地生物養物的不同

凡地形東西橫的稱爲緯，南北縱的稱爲經。山主仁，生萬物，所以稱山爲積德；水主智，有制斷，所以稱水爲積刑。高的地方爲陽，所以主生；低的地方爲陰，所以主死。丘陵高敞爲陽，所以爲牡；谿谷低下爲陰，所以爲牝。水圓折的地方產珠，方折的地方產玉。靑水的地方出黃金，龍游的地方出玉英。土地各以它的類別不同，所生的人也不同。所以山氣生的男人多，澤氣生的女人多，障氣生的人多爲啞吧，風氣生的人多爲聾子，林氣生的人多疲病，木氣生的人多駝背，岸下生的人氣多腫，石氣生的人力氣大，險阻生的人多癭結，暑氣生的人多夭折，寒氣生的人多長壽，谷氣生的人多痲痺，丘氣生的人多脛曲，衍氣生的人多仁愛，陵氣生的人多貪欲。輕土生的人多疾速，重土的人多遲緩。清水的聲音小，濁水的聲音大。湍急的水人顯得輕，緩慢的水人顯得重。中土多有通達的聖人，都可以從它的氣的顯現出來，都能夠和它的同類相應。所以南方生有不死的草，北方結有不解的冰，東方有出君子的國家，西方有遭形殘的尸體。寢寐居住的地方直夢人死變成了鬼。磁石向上飛，雲母降下水，土龍可以致雨，燕和雁更換代飛。蛤蜊、螃蠏、蚌珠、烏龜，隨着月亮而盛衰。所以堅土地方的人性剛強，軟土地方的人體肥胖。壚土地方的人體形大，沙土地方的人體小，息土地方的人美麗，秏土地方的人醜陋。吃水的動物善於游泳而能夠耐寒冷。吃土的動物沒有心臟，而表現很聰明。吃木的動物力氣很大而煩腸黃理。吃草的動物善於奔跑而非常愚笨。吃樹葉的動物會吐絲而能夠變成蛾。吃空氣的動物能夠達到神明而且長壽，仙人就是這樣。吃五穀的人類有智慧聰明高而壽命不會很長。不吃東西的能夠不死而神奇。

〔分析〕

這是就縱橫高低而分陰陽牝牡的。又因爲水勢的圓轉方折及清濁而各有所生之物。人因爲受土地和氣的影響，也各不相同。這裏面特別的地方，就是有物理學的知識出現和動物特性的記載。如磁石飛上天，雲母降下水之類都具有物理性。又如吃木的動物如何，吃草的動物如何，吃樹葉的動物如何，這些都是動物學的知識。至於說吃空氣的動物能够神明而長壽，不吃東西的能够不死而神奇，那就又表現了神仙之味了。

㈤人民禽獸的生期

凡是人民禽獸萬物小蟲等，都各有他們的生期。或是單獨的，或是成對的，或是會飛的，或是會走的，實在太多了，所以沒有辦法知道眞正的實情。只有智慧高而能夠通於大道的，可以用原本的天一、地二、人三的道理，而衍生萬物。因爲天、地、人合而爲三，三三相乘而得九，九九相乘而爲八十一。一主日爲陽，日數有十個。因爲日主人，所以人須要十個月才能出生。八九相乘而爲七十二。二主偶爲陰，偶數承奇數，奇主辰，辰主月，月主馬，所以馬須要十二個月才能出生。七九相乘而爲六十三，三主斗，斗主犬，所以犬須要三個月才能出生。六九相乘而爲五十四，四主時，時主彘，所以彘須要四個月才能出生。五九相乘而爲四十五，五主音，音主猿，所以猿須五個月才能出生　四九相乘而爲三十六，六主律，律主麋鹿，所以麋鹿須要六個月才能出生。三九相乘而爲二十七，七主星，星主虎，所以虎須要七個月才能出生。二九相乘而爲十八，八主風，風主蟲，所以蟲須要八個月才能孵化。鳥和魚都生於陰而屬於陽，所以鳥和魚都是卵生，魚游在水裏，鳥飛在雲中。所以立冬燕雀入海變成蛤。

〔分析〕

這裏所說的人和動物的生期，雖然據於陰陽五行的說法，顯得非常玄妙。但是就事實來說，又都不差。如人十月而生，馬十二月而生，犬三月而生，彘四月而生，猿五月而生，麋鹿六月而生，虎七月而生，蟲八月孵化。這些說法，恐怕是就實際已知的經驗，而附會上去陰陽五行的學說而造成的一套理論。至於說立冬燕雀入海變成蛤，那就不盡爲事實了。

㈥萬物生而異類

世界上的萬物，生來就各不相同。蠶吃桑葉而不喝水，蟬喝露水而不吃東西，至於蜉蝣不吃東西也不喝水。介類和鱗類的動物，夏天吃東西，到了冬天就蟄伏多眠。咬物而吞吃的動物象魚鳥，身上有八個孔竅而且是卵生的。咀嚼而用喉下咽的動物，身上有九個孔竅而且是胎生的。四隻脚的動物沒有羽翼翅膀，頭上生角的動物沒有上牙齒。沒有角的動物像熊猿肥從前面開始；有角的動物像牛羊肥從後面開始。白天出生的像父親，夜晚出生的像母親。至陰所生的一定爲牝，至陽所生的一定爲牡。像熊羆是喜蟄伏隱藏的，而飛鳥則是喜移動飛翔的。白水生美玉，黑水產皂石，青水有碧玉，赤水出丹砂，黃水產黃金，清水出靈龜。汾水混濁宜於產麻，沛水通和宜於種麥，河水中調宜於種豆，雒水輕利宜於種禾，渭水的力量大宜於種黍，漢水重安宜於種竹，江水肥仁宜於種稻。平原土地上的人聰明而宜於種五穀。

〔分析〕這是就動物的特性而加以說明的。首先說明蠶、蟬、蜉蝣、介鱗等的食性不同和食物不同。其次說明魚鳥身有八竅，八竅的動物爲卵生。獸類身有九竅，九竅的動物爲胎生。頭上生角的動物無上齒。這些都是實際的經驗所獲得結論。至於五穀所生，依地而宜，就又和土質氣候等有關了。

㈦四方中央之人

東方是河川山谷的注入的地方，是太陽和月亮所出的地方。那裏的人直體小頭，高鼻大口，鳶肩企行，孔竅通於眼睛，筋氣屬於此，蒼青的顏色，主於肝臟，高大早有知識，但是不長壽。這個地方適合種麥，多產虎豹那樣的猛獸。南方是陽氣所積的地方，暑熱濕氣重的地方。那裏的人長體直上，大嘴巴大眼睛。孔竅通於耳朵，血脈屬於此，赤紅的顏色，主於心臟，早日成壯丁，但是會夭死。這個地方適合種稻，多產兕象那樣的大獸。西方是高山河流深谷所出的地方，也是太陽和月亮所入的地方。那裏的人句僂着脊背長長的頸子，昂首而行，孔竅通於鼻子，皮革屬於此，白白的顏色，主於肺臟，勇敢不怕死，但是不仁愛。這個地方適合種黍，多產黿鼉那樣的動物。北方是幽暗不明的地方，也是天要關閉的時候，是寒水所積聚的地方，是蟄蟲所伏藏的地方，這裏的人收斂着形體短短的頸子，大大的肩膀，低低的屁股，孔竅通於陰，骨幹屬於此。黑的顏色，主於腎部。這裏的人蠢笨愚魯，但是壽命很長。這裏適合種豆子，多狗馬等動物。中央可以達到四方，風氣開通，是雨露所積的地方。這裏的人，大大的臉，短短的頤，漂亮的鬍子，他們討厭肥胖，孔竅通於嘴巴，膚肉屬於此。黃的顏色，主於胃部，聰明通達而喜歡辦理事情。這裏適合種禾，多產牛羊六畜等動物。

〔分析〕

這是說明四方和中央五部分人的形體和特性，以及當地的農作和牲畜。

(六)五行相勝

木能夠勝土，土能夠勝水，水能夠勝火，火能夠勝金，金能夠勝木。所以禾類春天生秋天死；菽類夏天生冬天死；麥類秋天生夏天死；薺類冬天生中夏死。木壯的時候，水衰老，火開始生，金被關閉，土就死亡；火壯的時候，木衰老，土開始生，水被關閉，金就死亡；土壯的時候，火衰老，金開始生，木被關閉，水就死亡；金壯的時候，土衰老，水開始生，火被關閉，木就死亡；水壯的時候，金衰老，木開始生，土被關閉，火就死亡。音有宮商角徵羽五種不同的聲，以宮爲五音之主；色有黄白黑青赤五種不同的顏色，以黄爲五色之主；味有甘辛酸鹹苦五種不同的變化，以甘爲五味之主；位有金木水火土五材，以土爲五材之主。所以治土生木，治木生火，治火生雲，治雲生水，治水恢復爲土。治甘生酸，治酸生辛，治辛生苦，治苦生鹹，治鹹恢復甘。變宮而生徵聲，變徵而生商聲，變商而生羽聲，變羽而生角聲，變角而生宮聲。所以用水和土，用土和火，用火化金，用金治木，木又恢復成土。五行相治生物而成爲器用。

〔分析〕

五行相勝，也稱爲五行相剋。這是根據五行相勝的理論（另有五行相生的理論），說明五音、五色、五味、五位、相勝的關係。這是陰陽家的學說。

四海外的三十六國

從海外算起，海外共計三十六國。從西北方到西南方，這個地區裏有修股民、天民、肅愼民、白民、沃民、女子民、丈夫民、奇股民、一臂民、三身民。從西南方到東南方，這個地區裏有結胸民、羽民、讙頭國民、裸國民、三苗民、交股民、不死民、穿胸民、反舌民、豕喙民、鑿齒民、三頭民、修臂民。從東南方到東北方，這個地區裏有大人國、君子國、黑齒民、玄股民、毛民、勞民。從東北方到西北方，這個地方有跂踵民、句嬰民、深目民、無腸民、柔利民、一目民、無繼民。除以上的三十六國以外，雒棠武人在西陬。硥魚在它的南方，有神二人，臂連在一起爲帝君做候夜。在它的西南方。三珠在它的東北方。有玉樹生在赤水的上面。昆侖華丘在它的東南方，那裏有美玉。那裏的人不會說話，這裏是楊桃、甘櫨、甘華、百果所生的地方。和丘在它的東北隅。三桑無枝在它的西方，夸父耽耳在它的北方。夸父把它的馬鞭丢掉，變成了鄧林。昆吾丘在它的南方，軒轅丘在它的西方，巫咸在它的北方。立登保之山暘谷榑桑在它的東方。有娀國在不周山的北方，長女名叫簡翟，次女名叫建疵。西王母的石室，在流沙的邊緣上。樂民拏閭在昆侖弱水的河洲上。三危山在樂民的西方。宵明燭光在河洲上，燭光所照的地方，方千一里。龍門在河淵的地方，湍池在昆侖山上，玄燿河在不周山上。申池在海邊，孟諸澤在沛郡。少室山和太室山在嵩高山上別名叫做冀州。燭龍在雁門的北邊。至于委羽山，更是見不到太陽，那裏的神是人面龍身但是沒有脚。后稷冢在建木山的西方，那裏的人死了以後，會再復活回來，或則變爲魚。流黃沃民在它的北方三百里，狗國在它的東邊。雷澤的地方有神，是龍身人頭，鼓着肚子遊戲。

〔分析〕

這是說明海外有三十六國，這三十六國，分布在八方的遠處。只是古代的傳說，現在已沒有辦法考證了。除了三十六國之外，又有很多的地方，那更屬於神話傳說了。

㈢河流的發源地

長江從岷山向東流，經過漢水流入了大海，入海後左轉北流流入東海的開母山，右轉東流到了東極。黃河的源頭出於積石山。雒水的源頭出於荊山。淮水的源頭出於桐柏山。睢水的源頭出於羽山。清漳的源頭出於楬戾山，濁漳的源頭出於發包山。濟水的源頭出於王屋山的時山。而泗水、沂水的源頭出於臺山、台山、術山三山之間。洛水源頭出於獵山。汶水的源頭出於弗其山的西邊，和濟水合流在一起。漢水的源頭出於嶓冢山。涇水的源頭出於薄落山。渭水的源頭出於鳥鼠同穴山。伊水的源頭出於上魏山。雒水的源頭出於熊耳山。浚水源頭出於華竅山。濰水的源頭出於覆舟山。汾水的源頭出於管涔山。衽水的源頭出於濆熊山。淄水的源頭出於目飴山。丹水的源頭出於高褚山(又名冢嶺山)。股水的源頭出於嶕山。鎬水的源頭出於鮮于山。涼水的源頭出於茅盧和石梁兩山。汝水的源頭出於猛山。淇水的源頭出於大號山。晉水的源頭出於龍山。結給合水的源頭出於封羊山。遼水的源頭出於砥石山。釜水的源頭出於景山。岐水的源頭出於石橋山。呼沱河的源頭出於魯平山。泥塗淵的源頭出於樠山。向北方塞外流的維灅河的源頭出於燕山。

〔分析〕

這是對河流發源地的記載，這個記載，就古代的地理學來說，是非常重要的。

因爲這些記載就今天的眼光來看，有些還是很正確的。

(二)八風所生的神明

諸稽攝提那位天神，爲艮方的條風所生。通視那位天神爲震方的明庶風所生。赤奮若那位天神，爲巽方的清明風所生。共工那位天神，爲離方的景風所生。諸比那位天神，爲坤方涼風所生。皐稽那位天神，爲兌方的閶闔風所生。隅強那位天神，爲乾方的不周風所生。窮奇那位天神，爲坎方的廣莫風所生。

〔分析〕

這是說明八風所生的神明。這些神明，都是屬於神話性質的傳說。但是他們所處的位置，却是八卦的方位，這和易的卦位又有關係了。

(三)人的來源

窔爲人的起源，然後生了海人，海人生了若菌，若菌生了聖人，聖人生庶人。

凡是窔都生於庶人。

〔分析〕

這是說明人是由窔而來的。俞樾認爲窔字爲胈字之誤。這也是古代的傳說。人是如何而來的，其實很難肯定，這只是古代的傳說而已。

㈢羽族的來源

羽嘉爲羽族的祖先，羽嘉生了飛龍，飛龍生了鳳凰，鳳凰生了鸞鳥，鸞鳥生了庶鳥。凡是羽族皆生於庶鳥。

〔分析〕

這是說明羽族的來源。

㈣毛族的來源

毛犢為毛族的祖先，毛犢生了應龍，應龍生了建馬，建馬生了麒麟，麒麟生庶獸。凡是毛族皆生於庶獸。

〔分析〕

這是說明毛族的來源。

㈤鱗族的來源

鱗族的祖先是介鱗，介鱗生了蛟龍，蛟龍生了鯤鯁，鯤鯁生了建邪，建邪生庶魚。凡是鱗族皆生於庶魚。

〔分析〕

這是說明鱗族的來源。

㈥介族的來源

介潭爲龜族的祖先，介潭生了先龍，先龍生了玄黿，玄黿生了靈龜，靈龜生庶龜。凡是介族皆生於庶龜。

〔分析〕

這是說明介族的來源。

㈦五類雜種的來源

煖濕當風乾燥而生容，煖濕生於毛風，毛風生於濕玄，濕玄生羽風，羽風生煖介，煖介生鱗薄，鱗薄生煖介。這五種不同的族類，依類生成，各像它本族類的形像而繁生日多。

〔分析〕

這是說明五類雜種的來源。

(六)樹木的來源

日馮是樹木的原生物。日馮生了陽閼，陽閼生了喬如，喬如生了幹木，幹木生了庶木。凡是木類皆生於庶木。

〔分析〕

這是說明樹木的來源。

(元)草類的來源

根拔是草類的原生物，根拔生了程若，程若生了玄玉，玄玉生了醴泉，醴泉生了皇辜，皇辜生了庶草。凡是根生的草類都生於庶草。

〔分析〕這是說明根生草類的來源。

㈡浮生草類的來源

海閭是浮生草類的祖先，海閭生了屈龍，屈龍生了容華，容華生了蔈，蔈生了萍藻，萍藻生浮草。凡是浮在水面而無根的草類皆生於萍藻。

〔分析〕這是說明浮生無根草類的來源。

㈢五方土氣的形成和作用

正土之氣就是中央的土氣，中央土氣向上叫做埃央中天，也就是正土之氣治埃天。埃天五百年變化生缺，缺五百年變化生黃埃，黃埃五年變化生黃澒，黃澒五百年變化生黃金，黃金經過千年變化生黃龍，黃龍入藏在地下生黃泉，黃泉往上冒到了埃上變化成了黃雲。陰陽二氣互相迫激，就產生了電，響聲就成了雷，在上的向下，流水流向低處，最後都會注在黃海裏。偏土之氣就是東方的土氣，偏土之氣所治的是清天，清天八百年生青曾，青曾八百年生青澒，青澒八百年生青金，青金八百年生青龍，青龍入藏在地下生青泉，青泉向上冒到了埃上變化成了青雲，陰陽二氣互相迫激，就產了電，響聲就成了雷，在上的向下，流水流向低處，最後都會注入東海裏。壯土之氣就是南方的土氣，壯土之氣所治的是赤天，赤天七百年生赤丹，赤丹七百年生赤澒，赤澒七百年生赤金，赤金經千年變化生赤龍，赤龍入藏於地下生赤泉，赤泉往上冒到了埃上變化爲赤雲，陰陽二氣互相迫激，就產生了電，響聲就成了雷，在上的向下，流水流向低處，最後都會注入南海裏。弱土之氣就是西方的土氣，弱土之氣所治的是白天，白天九百年生白礜，白礜九百年生白澒，白澒九百年生白金，白金經千年的變化生白龍，白龍入藏於地下生白泉，白泉往上冒到埃上變化爲白雲，陰陽二氣互相迫激，就產生了電，響聲就成了雷，在上的向下，流水流向低處，最後都會注入西方的白海裏。牝土之氣就是北方的土氣，牝土之氣所治的是玄天，玄天六百年生玄砥，玄砥六百年生玄澒，玄澒六百年生玄金，玄金經千年的變化生玄龍，玄龍入藏於地下生玄泉，玄泉往上冒到了埃上變化爲玄雲，陰陽二氣互相迫激，就產生了電，響聲就成了雷，在上的向下，流水流向低處，最後會注入北方的玄海。

〔分析〕

這是就五方土氣的形成和作用而言。這完全是根據陰陽五行的說法而來的。裏面包含了東西南北中央五個方位，也包含了青白赤黑黃五種顏色。更暗含了五方之帝。這種說法，在先秦的陰陽家，還沒有完成。到了漢代，才逐漸完成的。

卷第五時則訓

㈠正　月

孟春的正月，這時候北斗星的斗柄所指星辰爲寅。黃昏的時候，參星在南方的正中。平明的時候，尾星在南方的正中。它的位置是太皡之神所治的東方，春日屬木，所以天干用甲乙。木王於東方，所以盛德在木。春天的動物以鱗爲主。所用的音，以角音爲主。在十二律中，這個月應於太蔟。在數而言，這個月的數是土五加木三爲八。木的味道屬酸，臭味是羶。祭祀以戶爲主，祭品以脾臟爲首。東風吹起，冰凍消解；蟄伏在洞穴裏的蟲類，開始活動復蘇。魚向上游背脊接近冰面。吃魚的水獺把鯉魚抓上河邊排起來，好像祭祀一樣。屬於候鳥的鴻雁，因爲氣暖而飛向北方來了。天子穿青色的衣服，乘騎蒼色的馬，佩帶青色的玉，打青色的旗幟，吃的東西以麥和羊爲主，喝八方風所吹來的露水，用其木燃火來煮東西。居住在東宮，御幸婦女用青色，穿着青采的衣服，鼓琴瑟爲樂。春天用的器爲矛。養的畜牲爲羊。天子坐在明堂東邊青陽的地方，朝見羣臣，並發布春天的政令，布陽德施柔惠，行善的賞賜，省減徭役，減輕賦斂。立春的那一天，天子親自率領三公、九卿、大夫到東郊去舉行迎春之禮。把壇場屏攝的位置修整清理乾淨，用圭璧禱祭鬼神以求福祥，禁祀山林川澤的犧牲要用牡的。禁止斫伐樹木，不可以搗翻鳥巢，不可殺懷胎的獸類和幼小的動物。不可以捕殺小的幼鹿，不可掏取鳥卵。不可以聚合羣衆，不可以設置城郭。暴露在外的骨骼腐屍，都掩埋起來。正月如果行夏季的政令，就會有風雨不按時序的災害，草木都會提前凋落，國內會發生恐慌怕人的災禍。正月如果行秋季的政令，就會有民衆產生大瘟疫的災害，旋風和暴雨都一起來，黎莠蓬蒿害苗的草就會一起生長。正月如果行多季的政令，就會有水潦的災害，會有霜害和大冰雹，第一次播種的禾稼不能夠成熟。正月的官爲司空，種的樹以楊柳爲主。

〔分析〕

這是春季正月所行的政事。

㈡二　月

仲春的二月，這時候北斗星的斗柄所指的星辰爲卯。黃昏的時候，弧星在南方的正中，平明的時候，建星在南方的正中。它的位置是太皞之神所治的東方，春日屬木，所以天干用甲乙。春天的動物以鱗爲主，所用的音，以角音爲主。在十二律中，這個月應於夾鐘。在數而言，這個月的數是土五加木三爲八。木的味道屬酸，臭味是羶。祭祀以戶爲主，祭祀以脾臟爲主。開始降落雨水，桃樹和李樹開始開花，黃鸝鳥開始會叫，鷹鳥變爲布穀。天子穿着青色的衣服，乘着蒼色的馬，佩帶蒼色的玉，打蒼色的旗幟。吃的東西以麥和羊爲主，喝八方風所吹來的露水，用其木燃火來煮東西。居住在東宮，御幸婦女用青色，穿着青采的衣服，鼓琴瑟爲樂，春天用的兵器爲矛，養的畜牲爲羊。天子坐在太廟東向堂的中央青陽的地方，朝見羣臣。命令有司的官員，去省視監獄，把犯罪輕微的人赦免，不可笞打犯罪的人，禁止大家爭執而發生訟獄。長養幼小的兒童，存向沒有父親的孤兒和沒有兒子的老人，使曲壓在土裏的植物萌芽。選擇善日，布令於民社。這個月日夜時間等長，雷開始發聲音，蟄伏的蟲類全部開始活動蘇醒。在沒有發雷的前三天，先搖動着木舌的鈴，警告天下的萬民說：快要打雷了，有不檢點私生活的人，生下來的孩子會變成畸形，而大人也會遭到災殃。使官市統一度、量、衡。校正稱錘和概平斗斛的器具。不可以放乾河川湖泊的水，不可以用魚網在陂池裏撈魚，不可以用火焚燒山林，亦不可以在這個時候發動戰爭征伐，而妨碍了農民的耕作。這個月祭祀都不用犧牲，改用圭璧和皮幣來代替。二月如果行秋季的政令，他的國家就會發生大水災，寒冷之氣全部逼過來，而且有敵寇侵犯他的國家。二月行冬季的政令，陽氣就擋不住寒氣，麥子不能成熟，引起饑荒，百姓多會互相殘殺。二月行夏季的政令，他的國家就會發生大旱，暑熱之氣就會早來，蟲螟就會爲害農作。二月的官爲倉，種的樹以杏樹爲主。

〔分析〕

這是春季二月所行的政事。

㈢三　月

季春的三月，這時候北斗星的斗柄所指的星辰爲辰。黃昏的時候，朱鳥星在南方的正中，平明的時候，牽牛星在南方的正中。它的位置是太皞之神所治的東方，春日屬木，所以天干用甲乙。春天的動物以鱗爲主。所用的音，以角音爲主。在十二律中，這個月應於姑洗。在數而言，這個月的數是土五架木三爲八，木的味道屬酸，臭味是羶。祭祀以脾臟爲主。梧桐開始發花，田鼠變成鴽鶉，天虹開始出現，浮萍開始生長。天子穿着青色的衣服，乘騎蒼色的馬，佩帶蒼玉，打青色的旗幟。吃的東西是麥和羊，喝八方風所吹來的露水，用萁燃火來煮東西，居住在東宮。御幸婦女用青色，穿着青采的衣服，鼓琴瑟爲樂，春天所用的兵器爲矛，所養的牲畜爲羊。天子坐在明堂東邊的地方，朝見羣臣。命令管船隻的官員，把船隻翻過來看，反覆要經過五次的檢查，然後向天子報告船檢查好了，天子才安然乘船。同時用鮪魚在宗廟裏祭獻，祈求麥子結實良好。這個月是生氣正盛的時候，陽氣各處布散。彎埋在土裏的植物全部生出地面，已經萌芽的植物全部長得暢達。因爲這是發萌生長的時期，所以不可以收納財物。天子命令管囷倉的人，把囷倉打開，把糧食幫助貧窮的百姓，救濟貧乏沒有飯吃的人。開啓府庫，拿出幣帛作聘禮，以聘問於諸侯。有名德的士人，以禮聘問他，大賢的人以禮邀請他。派司空在時雨將要下的時候，到處巡視，以防止下水向上逆流浸灌成災。要偏行各個城市，視察所有的原野。修築好防水的堤防，開導疏通溝渠河流，使道路通達乾淨，從國都一直到國界都是如此。田獵用的捕具、射具和羅網、毒藥，一律不許帶出國門。並下令給看守山林的人，不可以斫伐桑、柘養蠶的樹木。這時候會叫的斑鳩振動它的翅膀，戴勝鳥都降集在桑林裏。應該準備曲薄筥筐養蠶的器具。天子的后妃們要齋戒沐浴，到東地親自採桑，減少婦女的雜事，使他們勉力從事養蠶的工作。命令五庫的管理人員，使百工檢查金、鐵、皮革、筋角、箭幹，脂膠丹漆等，沒有品質不好的。在下旬選好日子，舉行聯合音樂會，以達到同樂歡欣的目的。並把優良品種的牛和馬，集合起來，再把牝的牛馬放在牧場上，使它們交配繁殖。使全國齋行儺祭，在各個城門砍碎牲體以驅除邪惡之氣。行這個月的政令，及時之雨可以下三十天。季春三月行多天的政令，就會寒氣隨時產生，草木都會被寒氣所肅殺，國家會發生大的恐慌。行夏天的政令，民衆就會發生很多疾病和瘟疫，及時之雨不會降落，山陵上面不生草木。行秋天的政令，天就會增加陰沈，過量的雨就會早降、戰爭會一齊到來。三月的官爲鄉，種的樹以李樹爲主。

〔分析〕

這是春季三月所行的政事。

㈣四　月

孟夏的四月，這時候北斗星的斗柄所指的星辰爲巳。黃昏的時候，翼星在南方的正中，平明的時候，婺女星出現在南方的正中。它的位置是炎帝之神所治的南方，夏日屬火，所以天干用丙丁，火王於南方，所以盛德在火。夏天的動物，以羽蟲爲主。所用的音，以徵音爲主。在十二律中，這個月應於仲呂，在數而言，這個月的數是土五加火二爲七，火的味道屬苦，臭味是焦。所祭的神爲竈神，祭祀的時候，以肺爲主。螻蛄和蝦蟇開叫了，蚯螾開始從地下蠢動而出。栝樓結實，苦菜長大。天子穿着赤絕的衣服，乘着赤色的馬，佩帶赤色的玉，打赤色的旗幟。吃的東西是豆和雞，喝的是八方風所吹來的露水。用柘燃火來煮東西。居住在南宮，御幸婦女用赤色，穿着赤色的采衣，吹笙竽爲樂。夏天所用的兵器爲戟，所養的牲畜爲雞。天子應時居於明堂左个朝見羣臣，並發布夏天的政令。立夏的那一天，天子親自率領三公九卿大大到南郊去迎夏，禮畢回來以後，就大行賞賜，分封諸侯，修習禮樂，饗食左右的近臣。命令太尉報告才能過人的傑俊，選出賢德艮吏，以及推舉孝悌的人。依爵位的高低而給他們俸祿。輔佐天的長養之德，使所有的生物都在繼續長長和長高。不可以有所毀壞，不要興建土木工程，不要斫伐大的樹木。派管理原野的官員，到田野去巡視，勉勵大家好耕作，驅逐野獸和禽鳥，使它們不能夠損害農作物。天子用新麥和豕，先進於寢廟。同收積各種藥物，以防疾病。靡草死了，麥也成熟了。順應時令，這時候要判決小的罪犯，給他薄薄的懲罰。孟夏行秋天的政令，就會苦雨常常下個不停，五穀不會生長，四境的百姓都要入城自保。孟夏行冬天的政令，草木就會提早乾枯，然後又有大水災，把城郭都淹沒沖壞。孟夏行春天的政令，就會有蝗蟲的災害，暴風到來，應該秀穗的草不會結實。四月的官爲田，種的樹以桃爲主。

〔分析〕

這是夏季四月所行的政事。

(五)五　月

仲夏的五月，這時候北斗星的斗柄所指的星辰爲午。黃昏的時候，亢星在南方的正中，平明的時候，危星出現在南方的正中。它的方位是炎帝之神所治的南方，夏日屬火，所以天干用丙丁，夏天的動物，以羽蟲爲主。所用的音，以徵音爲主。在十二律中，這個月應於蕤賓。在數而言，這個月的數是土五加火二爲七。火的味道屬苦，臭味爲焦。所祭的神爲竈神，祭祀的時候，以肺爲主。小暑到來，螳螂開始生長。百舌鳥開鳴叫，而蝦蟆卻不出聲了。天子穿着赤色的衣服，乘騎赤色的馬，佩帶赤色的玉，打赤色的旗幟。吃的東西是豆和雞，喝八方風所吹來的露水，用柘燃燒來煮東西。居住在南宮，御幸婦女用赤色，穿着赤采的衣服，吹竽笙爲樂。仲夏五月用的兵器爲戟，所養的牲畜爲雞。在明堂太廟南向朝見羣臣。命樂師修整各樣的大鼓和小鼓，整理琴瑟管簫，調整竽箎，裝飾鐘磬，拿着武舞用的干戚戈戟和文舞用的羽毛。命令管典禮的官員，替民衆們向山川百源禱告祈福，舉行大雩祭上帝，爲民祈雨，用盛大的音樂。天子用新進的黍，配上小雞，進上含桃，先獻於寢廟。禁止人民，不可以割藍草來染布，不可以燒灰來煮布，也不可以在盛陽之下曬布。不要關閉門閭，不要搜索關市。重罪的囚犯寬他的罪，並增加他的食物。存問老而無妻和老而無夫的人，先人死難的振救他的子孫。散在外面的牝牛牝馬都已懷胎，要和其他的牛馬分開，同時要把善騰踴的牛馬關起來以免牝牛牝馬受傷，並頒布訓練馬的方法。夏至的那天，最長的一天到來。陽氣達到高點，陰氣接着起來，形成陰陽互爭的局面。陽氣生物，陰氣死物，陰陽互爭，形成萬物死生之界。這時候大人要齋戒，愼秘身體，要安靜而不可浮躁，停止聲色的娛樂，吃清淡的滋味。百官靜謀所事，必先稟報而後行，以穩定陰陽的分野。這時候鹿要脫角，蟬開始叫了。半夏草開始生長，木堇花開始綻放。禁止民衆起火。可以居住在高爽的地方，可以眺望遠方，可以登上丘陵高處，亦可以住在高敞的臺榭來避暑。五月行冬季的政令，天就會下冰雹和冰霰傷害榖類，道路就會阻塞不通，暴兵也會來到。仲夏行春天的政令，五穀就會不成熟，所有的害蟲都會產生，國家也會遭饑荒。行秋天的政令，就會草木凋落，果實成熟早，人民遭受災殃和疾病。五月的官爲相，樹木以榆爲主。

〔分析〕

這是夏季五月所行的政事。

(六)六　月

季夏的六月，這時候北斗星的斗柄所指的星辰爲未。黃昏的時候，心星在南方的正中，平明的時候，奎星在南方的正中。它的位置是黃帝之神所治中央。季夏屬土，所以天干用戊己。因爲土王中央，所以盛德在土。季夏的動物，以贏蟲爲主。所用的音，以宮爲主。在十二律中，這個月應於林鐘。在數而言，這個月的數是土五。土味爲甘，臭味爲香。所祭祀的神爲中霤，祭祀的時候，以心臟爲主。涼風開始吹來，蟋蟀居於牆壁。小的鷹開始學飛，腐草變化成馬陸（亦名馬蚿）。天子穿着黃色的衣服，乘騎黃色的馬，佩帶黃色的玉，打黃色的旗幟。吃的東西是稷和牛，喝的是八方風所吹來的露水，用柘木燃燒煮東西。居住在中宮，御幸婦女用黃色。穿着黃采的衣服。季夏用的兵器是劍。所養的牲畜爲牛。在中宮朝見羣臣。命令捕漁的人，打蛟捕鼉，捉龜拿黿。命令監督山林的官員，徵集各地經常供應的芻秣，用來飼養供作祭品的犧牲。以供應祭祀皇天上帝，名山大川，四方神祇和宗廟社稷，來爲人民祈求福祉。推行好的政令，弔問死者，慰問疾病，存問看視年老的人，施薄粥。死葬的人加厚他的席蓐，用來送萬物歸於本眞。命令女官督導婦女們染各種彩色的布，無論是青色、黃色、白色、黑色，沒有不是質地美好的。用這些供給宗廟祭祀的服裝，一定要全鮮明。這個月，樹木剛長茂盛，所以不敢斫伐。不可以聚合諸侯，也不可以興土功大肆建築。如果要動衆起兵，一定會有天罰。泥土非常潤溼，天氣很熱，時常會下大雨，最易於殺草來作糞以美土疆，而使土地肥美。季夏行春天的政令，穀實就會脫落，百姓多會得風欬的病，人民也會到處流徙。行秋天的政令，高丘和低地都會有水潦，禾稼不能夠成熟，也會多女災使小孩生下來長不成。行多天的政令，就會使風寒不按時候而來。鷹隼等凶猛的鳥，會提早搏殺小的動物。四界的百姓，都會入城自保。六月的官少內，樹木以梓爲主。

〔分析〕

這是夏季六月所行的政事。

(七)七　月

孟秋的七月，這個時候北斗星的斗柄所指的星辰爲申。黃昏的時候，斗星在南方的正中，平明的時候，畢星在南方的正中。它的位置，是少昊之神所治的西方。秋日屬金，所以天干用庚辛。金王於西方，所以盛德在金。秋天的動物，以毛蟲的獸類爲主。所用的音，以商聲爲主，在十二律中，這個月應於夷則。在數而言，這個月的數是土五加金四爲九。金的味道爲辛，臭氣爲腥。所祭祀的神爲門，祭品以肝臟爲主。這個月涼風到來，白露開始降落，寒蟬叫聲不絕，鷹搏殺羣鳥排列在大澤裏好像祭一樣。這個時候就可以開始行殺戮刑罰了。天子穿着白色的衣服，乘騎白色黑毛的馬，佩帶白色的玉，打白色的旗幟。吃的東西是麻和狗，喝的是八方風所吹來的露水，用柘木燃火煮東西。居住在西宮，御幸婦女用白色，穿着白色的采衣，敲白的鐘以爲樂，七月的兵器用戈，所飼養的牲畜爲狗。在西向堂的總章左邊朝見羣臣，來發布秋天的政令，找出來不孝順不恭敬的人，粗暴不講理，驕傲勇悍的人，都加以責罰，來幫助陰氣。立秋的那一天，天子親自率領三公、九卿、大夫，在西郊舉行迎秋典禮。回來以後，賞賜將帥和武勇的人在朝廷之上。同時命令將帥們，精選士卒，激厲士氣。簡拔訓練有才能的人，給他們專責，使他們建功，用來征誅不義的敵人，責備誅除暴慢無禮的國家，使四方的國家都順服。命令主管司法的官員，修訂法制，整補監獄，禁止姦惡，杜絕邪枉，很審愼小心地去斷獄，好好地去平理爭訟。這時候天地開變爲肅殺之氣，所以不可以盈盛。這個月農人的新穀始成，進於天子，天子先獻於寢廟。命令百官開始收納。隄防要修整完好，邊障要塞要嚴謹，以防備水患。修理城郭，整理宮室。這時候不封侯裂土，不派任大官，不用重幣，不派大使。行這個月的政令，涼風到來三旬。七月行冬天的政令，就會使陰氣大盛，介蟲傷害穀類，兵災就會到來。行春天的政令，他的國家就會大旱，陽氣就會復元，五穀不會結實。行夏天的政令，就會在冬天發生火災，寒冷暑熱不按時節，人民都會患瘧疾。七月的官爲庫，樹木以楝爲主。

〔分析〕

這是秋季七月所行的政事。

㈧八月

仲秋的八月，這個時候北斗星的斗柄所指星辰爲酉。黃昏的時候，牽牛星在南方的正中，平明的時候，觜巂星在南方的正中。它的位置，是少昊之神所治的西方。秋日屬金，所以天干用庚辛。秋天的動物，以毛蟲的獸類爲主。所用的音，以商聲爲主。在十二律中，這個月應於南呂。在數而言，這個月的數是土五加金四爲九。秋味主辣，氣味是腥。所祭祀的神爲門，祭品以肝臟爲主。這個月凉風到來，候鳥的鴻雁從北方來到南方，玄鳥歸來，羣鳥在空中飛翔。天子穿着白色的衣服，乘騎白色黑毛的馬，佩帶白色的玉，打白色的旗幟。吃的東西爲麻和狗，喝的是八方之風所吹來的露水。用柘木燃火煮東西。居住在西宮，御幸婦女用白色，穿着白采的衣服，撞白鐘作樂。這個月所用的兵器爲戈。所養的牲畜爲狗，坐在太廟中央向西方總章朝見羣臣。命令管理刑法的官，申明嚴行各種刑罰，斬殺罪犯一定要妥當，沒有寃屈不公平的。決斷監獄如果不適當，回來一定受禍。這個月，奉養長老，授給他們几杖，施放薄粥和吃喝的食物。命令宰祝之官，察看祭祀用的犧牲，所吃的飼料是不是夠，看看牠是肥還是瘦，肢體完整不完整，毛色純粹不純粹，看牠的形體、顏色、種類、大小、長短，沒有不合規定的。於是天子乃舉行儺祭以通達秋氣。以農人新獻的芝麻，配以狗肉，先進獻於寢廟。這個月可以建築城郭和興建都邑，可以打通水和藏穀的地洞，修葺草囷和穀倉。命令管農的官員，督促人民收藏穀物，多儲存乾菜和過多的糧食。並勸勉人民及時種麥，不可過了種麥的時期，如果誤了期限，一定要罰他應得的罪。這個月，雷聲開始停止不響了，昆蟲增加洞口的泥土準備蟄藏。這個時候肅殺之氣漸漸的盛大，陽氣一天一天的減弱，水亦漸漸的乾涸。這時候也是日夜等長的時候，正好可以校正度量衡的尺寸長短和輕重，以及容器的大小。這個月通關口，開市廛，招徠各地的商人和旅客。把各地的貨財收進來，使百姓們日用充裕而方便。因爲四面八方的人都來集聚，遠方的人都來觀光，所以各種財物都缺乏，國家的財政能夠充足，所有的事情都能夠辦得成功了。仲秋八月行春天的政令，就會使秋天不下雨，草木繁茂生花，國家會遭到大的驚恐。行夏天的政令，他的國家就會大旱，蟄伏的昆蟲不到洞中去伏藏，五穀都會再生長。行冬天的政令，就使風災變多，已收聲的雷會提早發聲，草木都會提早枯死。八月的官是尉，樹木以柘爲主。

〔分析〕

這是秋季八月所行的政事。

(九) 九　月

季秋的九月，這時候北斗星的斗柄所指的星辰爲戌，黃昏的時候，虛星在南方的正中，平明的時候，柳星在南方的正中。它的位置，是少昊之神所治的西方，秋日屬金，所以天干用庚辛。這時候的動物，以毛蟲的獸類爲主。所用的音，以商聲爲主。在十二律中，這個月應於無射。在數而言，這個月的數爲土五加金四爲九。秋天的味道是屬辛的，氣味是腥的，所祭祀的神是門，祭祀的時候，以肝爲主。這個時候，候鳥的鴻雁從北方南來，雀入水變爲蛤。菊開滿了黃花，豺捕殺野獸四面陳列，並殺飛禽。天子穿着白色的衣服，乘騎白色黑毛的馬，佩帶白色的玉，打白色的旗幟。吃的東西爲芝麻和狗肉。喝八方風所吹來的露水，用柘木燃火煮東西。居住在西宮，御幸婦女用白色，穿白色的衣服，敲白鐘爲樂。這個月用的兵器爲戈，所養的牲畜是狗，坐在明堂西向堂北頭朝見羣臣。命令主管司法的官員，公布嚴令，所有的百官貴賤人等，大家都加緊收藏，以配合天地收藏時期的節候，不可以有宣出的行爲。並派冢宰，將農產品全部收齊以後，把五穀收入全都登記入簿書，以籍田的收穫，貯藏在神倉裏面。這個月，霜開始降落，百工可以休息。並命令主管的官員，告訴大家說，寒氣會忽然的到來，人民的體力不能抵抗，應離開田野回到家裏。在這個月的上旬丁日，進到學宮裏練習吹笙竽以習禮樂。舉行大饗上帝及徧祭五帝的嘗祭，用完備的犧牲。天子命令所有的諸侯和畿內的百官，公布明年受朔的日期。以及諸侯國內徵收百姓的稅金的多少，和貢品的多少。這些都以土地的遠近大小來定適當的稅率。這個月舉行田獵典禮，以教人民戰陣的方法，和操練各種兵器。命令太僕和御者，把所有的車都駕起來，車上豎起旗幟，然後按照官位的高低分配車輛，全部排列在圍獵場的屏陣以外。司徒把鞭子挿在腰帶上，朝着北方教大衆顯出威儀。天子穿着威武的盔甲，佩帶各種裝飾，拿着弓，持着箭來射取獵物，並命令主祭的人祭四方的禽獸。這個月草木枯黃凋落，於是砍伐作成木炭。昆蟲伏藏在洞裏封住口。這時候趕緊清理刑案，凡是有罪的案子一定要斷決完畢。收回不應該發放的俸祿，和不應該受供養而受供養的費用。修通道路，清除障碍，使道路從邊境到國都全能暢通才可以。這個月天子以犬嘗芝麻，先進於祖先的寢廟。季秋之月如果行夏天的政令，國家就會發生大水災，冬天收藏的東西都會壞掉，人民多會得鼻子不通的病。行冬天的政令，國家就會盜賊增多，邊境不能安寧，土地會分裂。行春天的政令，就會使溫風到來，百姓們的精神會趨向懈怠懶惰，而且戰爭會一起發生。九月的官爲候，樹木以槐爲主。

〔分析〕

這是秋季九月所行的政事。

十 月

孟東的十月，這時候北斗星的斗柄所指的星辰爲亥。黃昏的時候，危星在南方的正中，平明的時候，七星在南方的正中。它的位置，是顓頊之神所治的北方，冬日屬水，所以天干用壬癸。水王於北方，所以盛德在水。這時候的動物，以有甲的介蟲爲主。所用的音，以羽聲爲主。在十二律中，這個月應於應鐘。在數而言，這個月的數爲土五加水一爲六。它的味道爲鹹，它的氣味爲腐。祭祀的神爲井，祭品以腎爲主。水開始結冰，地開始凍結。雉飛入大水裏變成蛤，虹隱藏起來看不見了。天子穿着黑色的衣服，乘騎黑色的馬，佩帶黑色的玉，打黑色的旗幟。吃的東西爲黍和猪肉。坐在向北堂西頭室朝見羣臣，以發布多天的政令。命令主管的官員禁止所有應該禁止的事情。這個時候禁止向外遷徙，關閉城門和閭門，大搜新客驅逐他。該罰的罪即刻加以斷決，該死罪的人就把他殺掉。阿諛取容於上而亂法的人加以治罪。立多的那一天，天子親自率領三公、九卿，大夫舉行接多典禮在北郊。回來以後就賞賜爲國死事人的子孫，存問矜恤幼而無父和老而無夫的人。這個月命令太祝禱告祭祀神位，用龜策占卜，審查卦兆，以觀看爲吉或是爲凶。在這個時候，天子開穿皮裘，命令百官謹愼蓋藏的工作，命令司徒之官把所有的禾稼都集聚起來。修築城郭，警戒門閭，修理門栓，小心鎖鑰，把印璽牢固地封起來。注意邊防，修好要塞，堵塞小的路徑。整飭喪事的規矩，察看衣衾棺椁的薄厚，量度冢墓的大小高下，按照貴賤尊卑的地位，各分等級。這個月工師呈獻工作的成績，陳列祭器，查驗法度和樣式，以堅牢細緻爲上等。器物如果作的不好和不堅固，或是作的刻意過巧，一定要給予應當之罪。這個月行大飲烝之禮，天子向天宗祈求來年，並舉行大禱，以祭於后土，祭完公社然後再饗先祖。慰勞農夫的辛苦，使他們休息。命令將帥講說武功，學習射御，較量勇力。並派管理河川湖泊的官員和漁師，收取水泉池澤的賦稅。不可以侵害人民過多。孟冬十月行春天的政令，就會凍閉不嚴密，地氣會發泄出來，人民就會到處流亡。行夏天的政令，就會有很多風暴，當冬天的時候不寒冷，藏在洞裏的昆蟲會再出來。行秋天的政令，霜雪就會不按時降落，小的戰亂很多，國家的土地會遭到侵佔和減削。十月的官是司馬，樹以檀木爲主。

〔分析〕

這是冬季十月所行的政事。

(二)十一月

仲冬的十一月，這時候北斗星的斗柄所指的星辰爲子。黃昏的時候，壁星在南方的正中，平明的時候，軫星在南方的正中。它的位置，是顓頊之神所治的北方。冬日屬水，所以天干用壬癸。這時候的動物，以有甲的介蟲爲主，所用的音，以羽聲爲主。在十二律中，這個月應於黃鐘。在數而言，這個月的數爲土五加水一爲六。它的味道是鹹的，氣味是腐的。所祭的神爲井，祭祀的時候以腎爲主。這時候冰更厚了，地開始凍裂了，鳱鴠鳥不再鳴叫了，虎類的猛獸開始交配。天子穿着黑色的衣服，乘騎鐵黑色的馬，佩帶黑色的玉，打黑色的旗幟。吃的東西爲黍和猪肉。喝的是八方之風所吹來的露水，用松木燃燒煮東西。居住在北宮，御幸婦女用黑色，穿着黑采的衣服，敲磬石一類的樂器。這個月所用的兵器爲鎩。所養的牲畜爲猪。坐在北向堂的中央之室朝見羣臣。命令有司的官員說：不可興作土地之事，不可敞開居室房屋，不可以發動大衆。這就叫做發天地之藏（以上三事興作的話叫做發天地之藏），伏藏在洞中的昆蟲都會死掉，人民一定產生疾病，接着就會死亡。趕緊捕捉盜賊，誅罰偷懶逸樂奸邪不正的人，命名這個月叫做暢月。命令宦官的尹正，申明宮中的法令，檢查門閭的開閉，謹愼房屋，一定要關閉嚴密。省視婦女們的工作。命令釀酒的官，在造酒的時候，秫米稻米等原料，一定精純，用按照時令做成的麴蘗，洗的要清潔煮的要乾淨，使用的泉水一定甘冽香美，裝酒的瓦器必須完好，蒸煮一定要適度。這些過程都不能有所差誤。天子命令主管的官員，祭祀四海大江大河和有名的湖泊。這個月，農人如果有不把五穀收藏積聚的，或是牛馬家畜禽獸有放失在外而沒有關起來的，別人取走，不加究問。在山林藪澤裏面，有可以拾取的菜蔬果食，或是有獵取禽獸的地方，主管山澤的虞官，應該敎導百姓任意獵取。如有互相發生侵陵爭奪的，就科以應得之罪，絕不寬貸。這個月，白天最短，正是陰陽互相消長的時候，君子一定齋戒，居住在深隱的地方，休養身體，摒除聲色的娛樂，禁止所有的嗜好和欲望，安定身體，停止情欲。這個月馬荔生出了芽，芸草開始生長。蚯蚓蜷曲於土中，麋角開始脫落。水泉流動的時候，就可以砍伐樹木，採收竹幹。取消沒有事做的官職和沒有用處的器具。關閉塗塞宮闕和門閭，修築牢獄，以幫助天地的閉藏之氣。仲冬十一月推行夏天的政令，他的國家就會有旱災，霧氣沉暗，天也會打雷。行秋天的政令，那時就會下雨，瓜瓠都不會結實，國內就會有大的兵災發生。行春天的政令，蟲螟就會敗壞莊稼，水泉全部枯竭，百姓會發生瘟疫。十一月的官爲都尉，樹木以棗樹爲主。

〔分析〕

這是冬季十一月所行的政事。

㈢十二月

季冬的十二月，這時候北斗星的斗柄所指的星辰爲丑。黃昏的時候，婁星在南方的正中，平明的時候，氐星在南方的正中。它的位置，是顓頊之神所治的北方，冬日屬水，所以天干用壬癸。這時候的動物，以有甲的介蟲爲主。所用的音，以羽聲爲主。在十二律中，這個月應於大呂。在數而言，這個月的數爲土五加水一爲六。味道是鹹的，氣味爲腐。所祭祀的神爲井，祭品以腎爲主。鴻雁都北向而飛，鵲加高它的鳥巢。這時候野雉開始鳴叫呼偶，雞也呼叫求卵。天子穿着黑色的衣服，乘騎鐵黑色的馬，佩帶黑色的玉，打黑色的旗幟。吃的東西爲麥和猪肉，喝八方風所吹來的露水。用松木燃燒煮東西。居住在北宮，御幸婦女用黑色，穿黑采的衣服。敲磬石作樂。所用的兵器爲鎩。所養的畜牲爲豬。坐在朝北方東頭的玄堂朝見羣臣。命令有司的官員，舉行大儺之禮，磔牲於國門之旁。並製土牛以勸農耕。命令管漁業的官開始打漁，天子親自前去射漁，首先進於寢廟。命令農官告訴人民，把五穀的種子揀出來，命農人計度耦耕的事，繕修耒耜，準備耕田的器具。命令樂師舉行大的演奏會。然後，命令管理山澤的官員，收集人民應該供給的薪柴，以備祭天祭祖和其他各種祭典薪燎之用。在這個月，日行一周年，十二個月已終，行星回到原來的位置，新的一年又要開始了。使農民安靜，不使他們擔任其他的勞役。天子和三公、九卿、大夫共同來檢討國家的法典。論四時令的次序，以適於來年的須要。命令太史席次大小諸侯的次列，賦取他應獻的犧牲。以供給皇天上帝和社稷之祭。並命同姓的國家，供給祭祀宗廟所用的犧牲。由卿士大夫一直到庶民百姓，都要按等級使他們供給祭祀山林名川所用的祭品。季冬十二月行秋天的政令，白露就會提早降落，介蟲會生祅災，四境的百姓要入城郭自保。行春天的政令，懷胎就會夭傷，國家的人民會生難治的病，這就叫做逆。行夏天的政令，就會使水潦敗壞國家，該下雪的時候不下雪，冰凍不該消解的時候而消解。十二月的官爲獄，樹木以櫟樹爲主。

〔分析〕

這是冬季十二月所行的政事。

卷第六覽冥訓

㈠天罰不可逃

從前師曠彈奏白雪的音樂，神化的玄鶴爲聽他的音樂自天下降，風雨忽然到來。晉平公患了疲病，晉國大旱，赤地千里。齊國的平民寡婦被誣，寃結難伸，向天喊寃，天上雷電大作，向下打壞了齊景公的臺榭，打傷了齊景公的肢體，海水因而發生倒灌。晉國的瞽師和齊國的平民寡婦，地位微賤得不如主菒之官，權力輕微得比不上飛羽。但是他們專一精誠銳意而行，聚精積神，可以用精誠上感於九天。從此看來，上天的誅責懲罰，卽使在空野幽暗的地方，遼濶荒遠隱藏的地方，堅厚的石室裏面，邊遠障礙險阻的地方，自己來隱蔽竄藏，也不能夠有所逃避，這是可以明白無疑的了。

〔分析〕

這是說明天罰的不爽。同時也說明精誠可以感天。這些事情，當然沒有科學上的根據。但是我們須要了解的，古代的人，常常用神權來限制君權，用神權來伸張民權。也就是說用神或天的力量，來懲罰不愛民的君主，而用神或天的力量，來替寃枉的百姓伸寃。這樣說明了天罰是不可逃的，而使人畏天，不敢做壞事。

(二)感天的故事

從前周武王討伐殷紂王，在孟津渡河，河裏的大波洶湧，反流排打，風非常的勁疾，天色非常的昏暗，人馬彼此都不能夠看得到。這時候，周武王左手拿着黃色的大斧，右手舉着白色的旄旌，怒張雙目揮着斧、旄說：我擔負着天下的重任，什麼人大膽，敢來阻擾我伐紂的決心，於是風過去了，波濤停止了。楚國的魯陽公和韓國打仗，戰到難解難分的時候，天晚了，魯陽公拿著他的戈向西下的太陽揮動，太陽因此而向後回轉三舍。

〔分析〕

這是說明凡是秉持正義和赤誠，就可以感動天地。周武王的息風止波，魯陽公的揮戈返日，都近於神話。但是很明顯的在說明精誠的力量。

㈢心和道同可以感天

保全性命，不失眞元，不虧損他的身體，遭遇到緊急急迫的困難，精誠是可以感通上天的。只要使眞性不離開道，還能不會感天嗎？至於把死和生看得一樣，而不怕死生的脅迫和侵陵，一位勇士，不顧生死而勇冠三軍，他們的舉動，只不過是爲了求名譽而已。爲自己求名譽的人，還能夠感動上天。又何況能夠以天地作宮室，囊括了萬物，和陰陽造化爲友，內含至和之氣，外寄寓於人形而內存大道，觀博而研一，能知道所不知的，這樣心生和道同的人，更能夠感天了。

〔分析〕

這是說明性不離道，就自然可以感天了。因爲勇士不畏生死，僅爲求名譽而已，這樣還可以感天，心和道同的人，就更可以感天了。感天的傳說，不見得可信。但是，古人常藉着這種說法，來表明天道的偉大。

四心存於內色顯於外

從前善於彈琴的雍門周，用歌哭的方法去感見孟嘗君，然後，才開始用話來陳述表達自己的意見，撫心然後發聲，孟嘗君爲之再三歎息而失聲，涕淚橫流而不止。內在精神的感傷，表現在外能使人產生哀戚之心，這種自然的流露，是不可以傳授的，所以不是學習能夠得到的。使一般人得不到主宰形骸的精神，而只模仿他的外表容貌，一定會被人所譏笑。所以楚國的蒲且子，因爲很會弋射，能夠射取百仭之上的飛鳥；而楚國的詹何，因爲很會釣魚，能夠使大淵中的魚來吞餌。這都是因爲他們得到了清淨專一的方法，和精微奧妙的技巧，就像得到太浩的和氣一樣。

物類的互相感應，非常的玄妙深微，就算是智者也不能夠全知道，善辯的人也不能夠全了解。東風到的時候，酒就會氾溢；蠶珥絲的時候，商弦就會斷絕，或許就是因爲相感而如此的吧。用蘆草灰在窗下月光中畫圖畫缺一面，月亮的周圍也會缺少一面；鯨魚死在海邊的時候，彗星就會出現，或許也是互相感動的原因吧！

〔分析〕

古人說：誠於中，形於外。由此可見，心存於內，色顯於外是不易的道理。這裏面所記的蒲且子的善射，詹何的善釣，都是體道之後所得到的方法和技巧。而東風到酒泛溢，蠶吐絲商弦絕，都是內感外顯的表現。至於用蘆灰在窗下月光中畫圓缺少一面，月亮的周圍也缺一面，以及鯨死在海邊，彗星會現，就沒有確切的根據了。

(五) 各有所感

所以聖人在位的時候，懷自然之道行不言之教，而能澤及萬民。如果君臣各懷離心，日旁五色之氣就會兩邊各向外出見於天際，這就是神氣相應驗了。所以山中生出來的雲像草莽；水氣上生出的雲像魚鱗；亢陽之氣所生的旱雲像煙火；大湍水上生出的涔雲像波水。每種地方所生的雲，都各有它不同的種類，各有它的形狀。這是因爲各有所感的關係。用陽燧可以取火於太陽，用方諸可以取露於月亮。天地之間，物類相感的太多了，就是工於歷術的人，也不能夠全部把它的數目擧出來。手雖然能夠覽得微物，但是不能夠得到它的光。然而用掌握之中引類天地之上，水火可以立即出現的道理，是因爲陰陽同氣相應動的關係。這也就是傳說死後能夠託精於辰尾的原因。

〔分析〕

這是就雲氣的差別和形狀的不同，來說明感應的。自然界有些感應，倒是眞實的。像用陽燧取火於日，用方諸取露於月，都是可以實驗的。至於傳說死了以後，精神託於辰尾，那就是神話傳說了。因爲古代的人，認爲人和星是有關係的，現在可以明白，星球和個人生死，是扯不上關係的。

㈥陰陽交則萬物生衆事舉

至陰的情況，就像極陰的涼風；至陽的情況，就像極陽的顯著。至陰和至陽二者互相交合而感動，萬物就可以繁生了。如果都是雄而沒有雌，又怎麼能夠發生變而成就萬物呢？這可以說是不用言辯的眞理，不必去說的至道。所以想要使遠方的四夷化同於中國，用無爲的自然方法，四夷就會自然來歸；想要使親近的諸夏日益和協，用無事的自然方法，近人就會自然親附。惟有像夜行無聲無息的順自然而轉化，能夠有召遠親近之功。所以能夠止住走馬，而以糞糞田，國家安定，使兵車的兩輪，不會遠到遠方以外。這就是所說的坐行神化，比奔馳傳送還迅速，沈浮明暗，自然合道，才能夠如此的。

〔分析〕

這是藉着陰陽雌雄相交而生變化，來說明無爲和無事可以使四海歸心，人民親附。

(七)順時行道不可相違

在多天熔化膠，在夏天製造冰，這都是很難做的事（古代如此）。所謂道是至公的，沒有私成，也沒有私去，能夠行道的人，所成有餘，不能夠行道的人，所得不足。順道而行的得吉利，逆道而行的得凶咎。就像隋侯的寶珠，和氏的璧玉，得到的人就富，失去的人就窮。得失的多少，深遠難測，不可以知識論斷，是不可以辯說的。怎麼可以知道是這樣呢？現在地黃是主生骨的藥，而甘草是主生肉的藥。以其屬於生骨的，要求它生肉，以生肉的論它生骨，這就像王孫綽想要把治偏枯病的藥加倍，而想要使將死的人活過來，這可以說是不合理的。

〔分析〕

這是說明凡事都依時順勢去做，就比較容易。就像藥性一樣。生骨的藥不可以用來長肉，而長肉的藥又怎能用來固骨呢？必須要不違其性，才能有真正的效果啊！

(八)持自然之應者可成事

以火能夠把木頭燒焦，因而用火來銷熔金屬，這方法是可行的；假如以磁石能夠吸鐵，而用磁石來吸瓦，那就行不通了。每種東西，都有它的用途，當然不可以輕重來評定它。像陽燧可以取火於太陽，磁石可以吸引鐵，蟹可以敗壞漆，葵的轉向對着太陽，雖是有聰明智慧的人，也不能明白是什麼原因。所以僅憑耳朵眼睛明察，不能夠把物理分得清楚；僅以心意主觀的看法，不能夠判定是非。所以憑着智巧來治國的人，就難以治得好國家。只有通達於太和而又得到自然因應的人，才能夠得到持國的方術。所以嶢山崩頹，涇水就會乾涸。善於冶鑄寶劍的區冶子出生了，而精淳的寶劍就鑄造出來了。殷紂王暴虐無道，因爲有佞臣左強在他旁邊；太公姜尚和周武王同時，所以周武王的功業建立了。從這些地方來看，所謂的利和害的道路，禍與福的門戶，不是可以求就能得到的。

〔分析〕

用自然應事，事可以成功。這個道理，就像用磁石吸鐵一樣，那是容易而自然的。相反的不用自然應事，那不就像用磁石吸瓦嗎？怎麼能夠成功呢？所以這個地方，特別強調了自然的重要。小自個人，大至治國，都必須因應合道，才能夠身安國治。

(九)道與德如韋與革

道和德的關係，就像韋和革的關係一樣。革的本質像道，韋的本質像德。想要離道遠，道反而在人身側，想要以事去求道，道去人已遠了。無事道近人，有事道遠人。道是得不到的，就像水中的小魚一樣，可以看得見而是得不到的。所以聖人就像鏡子，不送不迎，只是隨人的美醜而現形，毫不隱藏。所以不論怎麼樣改變都不會有傷害。他得到了也許會失去道，他失去了未必不能得到道。

〔分析〕

這是說明道和德的關係是不可分的。因爲道是德的根本，德是道的表現。但是道貴無爲，所以無事的時候道近，有事的時候道遠人。

㈢燕雀不知鳳凰

當鳳凰來爲至德的君主而翔集的時候，天上沒有雷霆的響聲，也不會起風下雨，川谷不會漫溢，草木不會搖落。但是小小的燕雀，自己以爲比鳳凰矯健，認爲鳳凰在屋簷之下，棟宇之中，無法和自己爭勝。但是等到鳳凰高飛到萬仭以上，振翼飛翔到四海以外，經過了崑崙山上的疏圃，喝砥柱石下的湍水，徜徉在日出之地的小州上，徘徊在冀州的邊境，過都廣之野而送太陽入於抑節之地。洗濯它的羽翼在弱水之上，晚上宿在北方寒風從地下出來的風穴。在這個時候，大的鴻雁和蒼鶴，沒有不駭怕驚懼而逃走竄藏的，沒有不在江邊把長長的嘴巴注在地上而敢動的。又何況像燕雀之類的小鳥呢。這就是指那些只知道做小事的方法，而不懂得如何辦大事的道理啊！

〔分析〕

中國古語有燕雀不知鴻鵠之志的比喻，更何況是鳳凰呢？這就說明了知小道的人，不可以和他們談大理，因為他們不知道天下有大理啊！

㈡以不御為御稱為神御

從前王良和造父，他們駕駛車子的時候，上車抓住轡頭，就能夠使馬的動作不錯而馬的脚步一致。使馬在行走中步伐調和而均勻，勞逸全部一樣。因此馬的心中自在歡悅，神氣和平，車體輕捷快速，所以能夠任勞而喜走，快速的程度，立刻就會失去踪影。左右騑驂，不用鞭打，就好像被鞭打的那麼用力，前進後退，左旋右轉，可以任意指揮運用，而且都能如意。世人以為王良和造父都是最精於駕駛的人了，但是並沒有看見他們有什麼可貴的地方。像太乙的駕駛鉗且和大丙，就不同了。他們駕駛的方法，是不用轡頭和勒口，拋棄打馬的鞭策，車不加動力而自動，馬不必驅使而自跑，太陽跟着走，月亮跟着動，星辰隨着而運行。快的如閃電，像鬼騰。前進後退，屈伸轉動，看不到兆朕和形狀，不必用手去指揮，不必出聲去叱喝，直馳的時候像飛空，亂馳的時候如絕踪，馳騁的速度，像踩箭而行，像御風而飛，自然可以追上猋風，可以趕上光影。早晨從日出的地方榑桑出發，晚上就可以到達日落的地方落棠休息。這就是假借不用而能夠成大功的原因。這不須要靠着詳密的思慮和明察，也不必靠着巧手和妙指。而是把嗜欲藏在胸臆之中，使精神和於六馬，就是所謂的不御而御了，不御而御，就是神御啊！

〔分析〕

以不御爲御，稱爲神御。就如同說無爲而自得。無爲而自得，就是心和六馬，這種無形的自然力量，當然比人爲的快速了。

(三)黃帝的治道

從前黃帝治理天下的時候，用力牧和太山稽來作輔佐。使他們治理日月運行的律度，和陰陽變遷的氣節，以及春、夏、秋、多四時的時分。調整律歷的度數。分別男女，辨出雌雄，明定上下，分出貴賤，使強的人不敢奪取弱的人，衆多的人不敢凌暴少數的人。所有的百姓，都能夠安養性命而不夭死，年歲能夠豐收而不發生災害。所有的官員，都能守正而無私心，君臣上下都能夠和諧而沒有錯過。法令清明而沒有舞弊，輔佐的公卿大夫公正而曲從。農夫種田不爭田邊的土地，漁人捕魚不爭深曲的水限。道路上掉了東西沒有人去拾取，市場裏不會豫先抬高物價來騙人，城郭不會關閉城門，鄉邑鄰里沒有盜賊，邊遠的旅客彼此以財相讓。豬狗棄菽豆粟米在路上而沒有怒爭之意。於是，日月光明照耀，星辰都能夠依序運行，風雨都依時節到來，五穀豐登。猛虎野狼都不隨便吃人，鷙鳥鷹隼都不隨便搏殺。瑞鳥鳳凰上於庭堂，瑞獸麒麟行於邑外，青龍駕車，飛黃伏在櫪下。北方的諸比，南方的儋耳，沒有不來進貢獻職的。黃帝之道雖好，但是卻比不上虙戲氏的大道。

〔分析〕

這是說明黃帝的治天下的方法，雖然很好，可是比不上虙戲氏，因爲虙戲氏更尚自然的關係。

(三)虙戲氏的治道

在從前的太古時代，不分四極，沒有九州，天不盡覆，地不全載，火連燒着而不熄滅，水橫流着而不停息，猛獸吃善良的百姓，鷙鳥攫食老弱。這個時候，女媧氏鍊五色的石頭來補蒼天，斬斷大龜的脚來支柱四極。殺掉黑龍以止雨來朝冀州，積聚蘆草的灰來停止淫雨。青天補好了，四極規正了，淫雨的水乾了，冀州的土平了，狡猾的蟲死了，善良的百姓得生了，背地向天。春生，夏長，秋收，冬藏，枕橫睡直。陰陽有壅塞沈滯不通的，就使它能通；不順的氣，乖戾的事，傷害百姓積財的，就使它不再發生。這個時候，可以無思無慮的睡覺，可以不費智巧的工作。很誠完全以爲自己像馬，完全以爲自己像牛，行步遲重而安詳，視物模糊而不清。很誠愨的能夠得到太和，不知道它是如何而生。浮游不知道如何來的，魍魎不知道到何處去。在這個時候，兇猛禽獸和有毒的蟲蛇，沒有不藏起了爪牙和螫毒的，而且都沒攫取和噬咬的意圖。觀察虙戲的功業，向上可以交接九天，向下可以合至黃泉，名聲可以廣傳於後代，萬物可以充滿了光輝。他乘坐着雲雷之車，他用應德的龍馬在中做服馬，旁邊的驂馬用青虬。他能夠引來特別的瑞應，用羅列的圖籍做席蓐。

黃雲之氣垂在車前，前面有白螭引導，後面有奔蛇相隨。這樣就可以周流閒適，導引鬼神，登上九天，朝見上帝在靈門，寧和休息在太始之下。但是不表明他的功績，不顯露他的名譽。隱藏眞德之人的大道，而順從天地的自然。這是什麼原因呢？因爲他的道德上通於天而合自然，而使人間的巧詐全不存在啊！

〔分析〕

這是說明虙戲氏的時代，崇尚自然，而不用智故巧詐。所以能夠道通於天，德貫於地，使人間變得一片純樸，一片和諧。

㈠人爲天地精

上古沒有天地的時候，想它是沒有形體產生的，宇宙間只有一團氣，顯現的是深遠幽暗，迷茫一片，渾渾沌沌，清濁不分，沒有人能知道它是什麼情況。接着有陰陽二神同時出現了，二神開闢了天地。但是天地深深沒有辦法知道它的終極，天地廣大沒有辦法可以讓它止息。於是乎二神分開陰陽，劃分了八極。陽剛和陰柔兩氣互相交流，因而產了萬形萬物。煩亂的濁氣形成了各種動物，純一的精氣形成了人類。所以人的精神是屬於天所有的，人的骸骨是屬於地所有的。如果精神回到天之門，而骸歸到地之根，那麼我們人類還如何能夠存在呢？

〔分析〕

這是說明人爲天地間純一精氣所生，所以人的精神屬於天，人的骸骨屬於地。因精神是無形的，歸於天門以後不見了；骸骨是有形的，歸於地根才會消失。因爲人爲天地精，所以生時存於天地，死時還於天地。

㈡知精守本

所以聖人效法天理而順於人情，不受世俗的拘束，不被常人所誘惑，以天爲父，以地爲母，以陰陽爲綱領，以四時爲紀律，這樣能夠使天靜漠清淨，使地穩定安寧。萬物如果失去了天的清靜和地的安寧，就會死亡；如果效法天的清靜和地的安寧，就能生存。靜漠是精神的住宅，虛無是大道的居所。所以，有專向外求的，就會失去裏面所有的；有專守於裏面的，就會失去外面所有的。就像樹本的根本和枝末，如果能夠把握住了根本，它的千枝萬葉就沒有不跟隨着它了。

〔分析〕古人說：其本亂而末治者否矣。所以凡事必須守住根本，也就是要守住原則，這樣就不會有所失了。

㈢人法天地而生

人的精神得之於天，人的形體生之於地。所以說：由最初的元氣——一，而同時產生了陰陽二氣，再由陰陽二氣的交合，而產生了新的第三者，新的第三者生生不息，而產生了萬物。萬物以背負的形體爲陰，以抱守的精神爲陽，陰陽二氣互相流通，便產生了和氣。和氣可以生人。所以說，人在受孕的第一個月，始生形體如膏脂。第二個月的時候，始生的形體就有了血液。第三個月的時候，始生的形體成了胚胎。第四個月的時候，始生的形體有了肌肉。第五個月的時候，始生的形體有了筋。第六個月的時候，始生的形體有了骨。第七個月的時候，始生的形體成了人形。第八個月的時候，始生的形體開始胎動。第九個月的時候，胎動更加增多。到第十個月的時候，胎兒就出生了。出生的胎兒，形體既經完成，五臟也就俱備了。所以肺爲目之主，脾爲舌之主（原文缺，王念孫認爲不當獨缺脾與舌。且亦不合五臟之數，故據王氏之說加入），腎爲鼻之主，膽爲口之主，肝爲耳之主。五官在外的稱爲表，五臟在內的稱爲裏。張開關閉，各有神經執掌。所以人的頭圓像天，人的脚方像地。天有春夏秋冬四時，金木水火土五行，以及八方和中央九解，三百六十六天。人像天，所以也有四肢、五臟、九竅、三百六十六節。天有風雨寒暑，人法天，所以也有取與喜怒。用五臟來比五行，膽就是雲，肺就是氣，肝就是風，腎就是雨，脾就是雷。這些都是人和天地相配合的，而以心爲五臟的主宰。所以耳目就像天上的日月，血氣就像風雨，太陽裏面有蹲着的三脚烏，月亮裏面有蟾蜍。日月運行不合規律，就會發生日蝕和月蝕（與今日蝕、月蝕之說不合），而失去它的光明。風雨不得其時，使百物毀損而產災害。五星的運行有了差失，州縣郡國都要蒙受災殃。天地之道，包羅非常廣大，尚且還須要節制它的光輝，愛惜它的神明，人的耳目怎麼能夠長久勞動而不休息呢？人的精神怎麼能夠長久使用而不窮盡呢？所以要知道，血氣和五臟都是人的精華，假如血氣能夠集中於五臟而不向外發散，那麼胸腹就會充實，嗜欲也自然會減省。這樣的話，耳朵就會聽得淸，眼睛就會看得明。聽得清，看得明，就叫做明。五臟能夠從屬於心而不乖離，這樣，悖亂的意志就會被克服，行爲也就不會邪僻了。悖亂的意志既已被克服，行爲已經不邪僻，那末，精神就會旺盛，而神氣也就不會散失了。精神旺盛，神氣不失，就會很有條理，有條理就能均勻，能均勻就能通達，能通達就能達到神明的境地。能達到神明的境地，那麼要看時就沒有看不見的，要聽時就沒有聽不清的，要做的就沒有做不成功的。所以憂患不能夠侵入，邪氣也無從進來。所以事情有的追求到四海之外不一定能夠得到，有的守在自己的形體之內，就是自己也覺察不到。所以所追求的愈多，而所得到的更少，所涉及的範圍愈大，所知道的就更小。

〔分析〕

在這段話裏，分爲三方面：第一就人的形體和精神而論，人像天地陰陽。精神是陽像天，形體是陰像地。精神是形體統帥者，形體是精神的隨從者。這是效法天地而行的。第二就人受精後生成的過程詳細加以說明。由始受精到十個月出生，都和現在懷孕過程中，胎兒生長的實驗情形相似，足見那時候已有生理知識。第三就人形體和精神來說，必須善加保養，否則勞神役形，是不能長久的，所以應該養生。

四去嗜欲可以長生

人身上的孔竅是精神的門和窗，血氣和意志是五臟的使候。耳目過度追求聲色的享樂，就會使五臟動搖而不能安定。五臟動搖而不能安定，就會使血氣動蕩而不停止，血氣動蕩而不停止，精神就會向外奔馳而不能夠固守於內了。精神奔馳於外而不能夠固守於內，禍福的來臨，雖然像丘山那麼大，也就沒有方法可以辨別了。假使耳目清明遠達，而沒有外界的引誘和嗜欲，血氣意志就會空虛寧靜，精神就會恬靜愉悅，而嗜好欲望也會節省了。使五臟安定寧靜，充實盈滿而不泄漏，精神固守於形之內而不向外奔馳，這樣子，就可以上觀於往古，下察於來世，也算不得什麼奇特的事，豈僅僅是當前的禍福能夠體認就算了不起嗎？所以說：精神離開得越遠，他所知道的就越少。這就是說，精神不可以使它過度的向外發散啊！所以，五色繽紛，會迷亂眼睛，而使眼睛看不清楚。五聲雜奏，會擾亂耳朵，而使耳朵聽不出聲音。五味齊嚐，會淆亂味覺，而使舌頭辨別不出滋味。行爲的選擇取捨會迷亂心智，而使行爲失去常度。以上的五色、五聲、五味和行爲的選擇，本來是天下的人用來養生的。但是由於嗜欲的過強，而全部變成了人的累贅了。所以說：嗜欲會使人的氣散失，愛惡會使人的心疲勞。如果不趕快把這些嗜欲去掉，人的志氣就會一天天的昏亂。人們所以不能夠使他的壽命延長，而中途受到刑殺夭亡，是什麼原因呢？就是因爲他追求生活的享受太過分了。只有能不過分追求生活享受的人，才能得到長生。

〔分析〕

這段話是告訴人們，要知道怎麼去減嗜欲，延生命。因爲人的嗜欲多，就會增加精神上的負累，精神上有了負累，就什麼也辨別不清楚了。同時會使他形神俱疲，形神俱疲的人，不但不能長生，而且還會妨生。所以要想長生，就必須去嗜欲。否則是不能達到長生的。

五 知一則知衆

天地運轉而萬物相通，萬物總統於天地而合而爲一。如果能夠理解一，就能把一切全部理解了；如果不能夠理解一，就不能理解任何事了。就像我生活在宇宙之中，也是物的一種，但不知道天下是因爲有我才具備萬物呢？還是沒有我萬物仍然無不具備的呢？然而，我也是物，物也是物，物和物之間，爲什麼要互相稱爲物呢？雖然如此，自然生我，將以何所增益？自然死我，將以何所損滅？天地造化既然已經將我造成了人的形象。這是無法可以逃避的。我怎麼知道那些用針灸用艾炙而治病求生的人，不是糊塗呢？又怎麼知道那些勒住頸子上吊而自殺求死的人，不是幸福呢？或許有人說，生存的時候像是服勞役，死了以後才能得休息，但是天下茫茫，誰能夠眞的了解啊？天地自然生了我，我無法勉強它不生我，天地自然要我死，我也無法勉強它不讓我死。人皆樂生，但不必刻意追求，人都惡死，但毋須推辭。賤待我的人，我不憎恨他；尊重我的人，我也不喜歡他；順從自然，安然處之而不着急。我活着的時候有七尺的身軀在，我死了的時候有一棺的土地存；我活着的時候和那些有形體的物類一樣，我死了以後和那些形體淪沒在無形之中是一樣的啊！這樣子，我活着的時候，物類並不會因我而增加；我死了以後，泥土也不會因我而增厚。在此種種之中，我又怎麼知道有什麼愛憎和利害呢？造化者之製造萬物，就像陶器工人製造陶器一樣，他從地上取陶土做成了盆盎之物，這和它沒有離開地上以前沒有什麼差別；等到它已成爲陶器而被打碎之後而又回到了原來的地上，這和它被製成盆盎亦沒有什麼兩樣。靠近江水的地方，居民常常汲水來灌溉田園，江水從來未曾厭惡；但是，討厭汚水的人家，把汚水排洩到江裏，汚水並不感到快樂。因爲它在大江中，和它流到田裏去灌溉田園沒有什麼差別。它在洿池裏面，和它在大江裏面沒有什麼兩樣。所以聖人順應着時勢，安於他所處的地位，適應世事而滿意的從事他的事業。

〔分析〕

天下的萬事萬物，雖然多得不可勝數，但是一致而百慮，同歸而殊塗，都一定各有它的理統。就統而言，萬物雖然繁多，只要能够得到頭緒，就可以解決了；就理來說，理論雖然多，只要能够得到要領，也就可執一而御了。所以知一的人，一定知衆，而知衆的人，必須知一。就像聖人，能守靜而制天下一樣。

㈥聖人尊神而貴心

悲哀和歡樂是因爲德性有了偏邪，喜悅和憤怒是因爲道理有了違失，愛好和厭憎是因爲心裏有了暴亂,這都是不合自然的。所以說:人生存的時候,要像天的運行一樣;人死了以後,要像物的變化一般。靜的時候和陰同閉,動的時候和陽同開。精神恬淡可以沒有窮盡,不和衆物相雜亂,天下自然歸服於德。所以,心是形體的主宰,而神又是心所寶貴的。形體勞動而不休息,就會顚蹶,精神浪費而不停止,就會竭盡。所以聖人貴心而尊神,不敢隨便放縱它。有夏后氏之璜的人,一定要把它放在匣子裏鎖起來好好的收藏,這是因爲它太寶貴了。可是,精神可寶貴的地方,就不僅僅是夏后氏之璜所可比的了。所以聖人以無來應有,一定要究盡它的道理;以虛來受實,一定要極盡它的關鍵;安樂虛靜的渡過他的生命。所以聖人無論對什麼人沒有所謂的最疏,也沒有所謂的最親,保持着德性,保養着和氣,以順承天道,而和道相接近,與德相比鄰。好事不搶先去做,禍事不頂頭去幹,魂魄安居在身,精神固守着根本,生和死對他本身都沒有改變,所以說他是至高無上的神。

〔分析〕

得道的人,能够安神而定心,對於喜怒哀樂愛惡,都能够不嬰於心,所以能够魂魄在身，精神不離。

(七)眞人性合於道

所說的眞人，因爲他們的性格能夠合於道。他們有了好像沒有一樣，充實了好像空虛一樣。守着一而不讓它分歧，守着內在的精神而不爲外界好憎所動。明白素淨，無爲反於樸眞。認識根本，守住精神，在天地的大樊中任意的遨遊。在塵世之外自由的往來。在自然空虛的境地，快樂逍遙，浩浩蕩蕩的遼闊無際，機知巧詐全不存在他的心裏。所以，當死生的大事來臨時，他也不會因死生而有所改變。雖然天地養育萬物，但是他並不以天地養育萬物爲有恩，他看淸楚了利欲的所在，而不和萬物雜糅在一起。看到人世的昏亂，而能夠抱定一定的宗旨。旣然像這樣，他忘掉了肝膽，棄去了耳目。心志專守於內，和道通而相並爲一了。如此，停下來他不知道要做什麼，行動起來又不知要到那裏去，不識不知的走開了，又無緣無故的回來了。形骸像枯木，心像死灰，遺忘了五臟，拋棄了形骸，不用學習就可以明白，不用眼睛看就可以看見，不用去做爲就能夠成功。不用說明就能夠明辨，有了感召就去響應，受到逼迫而後行動，不得已才往前去，好像光線的照耀，好像流影的過去。以道爲法則而等待萬物，所以萬物能夠默默如此。抱定了太清的本質，而沒有游移不定，因此外物就無法加以惑亂，這樣才能使胸懷廓大而空虛，精神清淨而沒有思慮。把大的沼澤都燃燒了而不覺得熱，把黃河漢水都凍乾了也不覺得冷，大雷擊壞了山頭也不吃驚，大風颳得天昏地黑也不能傷害他。所以他看珍珠寶貝，像沙石和瓦礫一樣，他看最尊貴和極榮寵的人，像路上的行人一樣，他看毛嬙西施那樣的美女，和極醜的人一樣。他把死生看成一同樣的變化，把不同的萬物看成相同的東西。他的精神同一於天地的本始，而遨遊在太虛幻境之旁。有精神而不使用，有神智而不發揮，契合於元始混沌的純樸，而卓立於清明的境界之中。所以，他睡覺不會做夢，因爲他能夠內守精神，他能夠不生智巧，因爲他無思無念。他的魄不會沉淪，他的魂不會飛騰，翻來復去，從頭到尾，都找不到他的頭緒。酣睡於長夜之中，清醒在白日之下，休息在沒有曲折的角落，遨遊在無形像的境界。安居而沒有儀容，定住而又沒有處所。動作的時候沒有跡象可尋，靜止的時候沒有形體可見。雖存在而如亡，雖活着如同死，任意出入，沒有間隔，而能役使鬼神，下沉到深不可以測度的空間，進到沒有間隔的境界。在那裏，同類的東西只不過是以不同的形象相轉化罷了，終始就好像圓的環圈一樣，沒有方法能夠得到它的頭緒，這就是精神所以能夠上升於道的原因啊！這才是眞人所行的呢。

〔分析〕

這是論真人的。所謂真人，就是指放棄肝膽耳目，心志專於內，而與道相契合。因此他可以視不用目，不學而致，不爲而成，入火不熱，觸冰不寒，雷電不驚，風雨不傷，視珠寶如泥沙，看富貴如平常，觀美醜都一樣。更進而把死生也看成是一樣的。能够達到這種地步的真人，精神必須合道才能够做到。

(八)同於自然變化的人明而不惑

至於吹噓呼吸，把體內的濁氣吐出來，把新鮮的空氣吸入體內，像熊的動搖，像鳥的展翅，像鴨的浴水，像蝯（同猨、猿）猴的跳躍，像鴟鳥舉首而視，像猛虎反首顧視，這些都是養形的人，才會導引他的精神，做些屈伸跳踉的動作。但是，這並不是眞人之道啊！使精神廣大而保持充實，時時刻刻不受賊害而和物共養。這樣；就能夠合大道而順時不害於物了。人的形體雖然有所改變，精神是不會損傷的，人的形體雖死，而精神不會耗滅的。患癲病的人形體完備精神俱在，所以趨走不會變態；瘋狂的人形體不斷，但是精神散亂，好像精神遠離了形體，這樣的人，誰又能夠知道他要做什麼呢？所以形體有所減，但是精神未曾死的人，能夠用不死的精神，來應已死的形體，而已死的形體，變爲灰土。灰土日日變化而沒有盡頭。死後的形體，最後會復歸於無形，而不死的精神，可以和天地並生而長存。就像樹木的死亡吧，是使樹木靑靑的顏色沒有了，所以使樹木生長的，難道是樹木嗎？是天地自然啊！就像充形的是氣而不是形體的本身。所以生生不息的道，像天，像氣，是從來不死的，但是它所生的萬物，就會死了。化物的道，它從來沒有變，但是它所化的萬物，就時時刻刻在改變了。只有看輕天下的寵勢和政權的人，才能使精神不爲物所累；只有能把萬物看成小事而無所欲求的人，才能夠不爲物欲所惑；只有能夠齊死生的人，他的意志才能夠無所畏懼；只有能夠同自然變化的人，才會使他清明而沒有眩惑。大家或者認爲這是不實在的話，我現在將要列舉一些事實來證明：

〔分析〕同於自然的人，一定無欲無求，無欲無求的人，自然心思靈明，不爲塵垢所蔽，所以能夠永明不惑。

㈨堯以天下爲重負而輕天下

人都願意做天子的原因，是因爲做天子可以使它極盡耳目欲望的要求而使身體能夠安適舒服。現在幾丈高的臺，多層的樹，是大家所稱美的。但是帝堯的臺榭所用的桷檐不加斲削，不加采飾，不加短柱，簡單到了極點。珍貴奇怪異味美食，是大家所喜歡的，但是帝堯卻吃粗稷做成的飯，藜菜豆葉所做的羹。有刺繡的衣服白色的狐裘，是大家都喜歡的衣服，但是帝堯，僅用布衣掩蓋形體，用鹿皮做的裘來防寒。對帝堯來說，凡是養生的設備，一點都沒增加，而給他增加的，卻是重大的責任和更多的憂慮。所以他便把天下禪讓給舜了，他禪讓以後，就好像解除重大的負擔一樣，他這樣做，不僅是爲了禪讓，實在是因爲天下已經太平了，無可再做爲了。這就是看輕天下權勢榮利的具體證明。

〔分析〕

在堯的時候，他以天下爲己任。自奉節儉，而爲民謀福利。因爲古代的君主，以天下爲公，作君主的人，責任重大，犧牲了享受，所以把帝位禪讓給舜，因爲那時候的君主，都看輕天下的權勢和榮利啊！

㈢禹細萬物而輕天下

夏禹省視四方，渡江的時候，有黃龍背負着舟船，船中的人，全都驚懼得臉上顏色不定。夏禹卻怡然而笑說：我受命於上天，盡我的力量而爲萬民憂勞。活着就像寄託在天地之間，死了就像歸去的一般，怎麼能夠亂我所往呢？看龍只不過像一條蜥蜴罷了，臉上顏色毫無改變，非常的鎭定，於是龍就很聽話的轉尾逃去。夏禹可以說是把萬物看成小事的了。

〔分析〕

凡事無愧於心，自然無懼於怪，夏禹之不憂龍怪，因爲自信爲民憂勞，所以他小萬物而輕天下。

㈡鄭壺子的齊死生

鄭國的神巫相壺子林，能夠占驗骨法吉凶之氣，所以見到徵應，告訴了列子，列子一邊哭泣一邊向壺子報告，壺子歸本於天地自然，爵位名號不愛於心，幣帛貨財不在於意，性命的危險不旋踵而至，但他一點都不恐懼，壺子對死生的看法，可以說是相等的了。

〔分析〕

壺子能够把死和生看成一樣，因他認清了死生。莊子說：「明乎坦途，故生而不悅，死而不禍，知終始之不可故也。」因爲生死是自然之道啊！

(二)子求的同變化

楚國的子求年已五十四歲，患了傴僂的病，他的脊管高過了他的頭，他的胸部的肝，可以迫近於頤，兩脾長在上身，肛門向上。爬着到井邊，向井裏闚視自己的形貌說：太美了！造化人的上天，爲我創造了這樣好形貌！這是因爲他把變化看的是相同的呀。所以看到堯的不重權勢，就可以知道輕天下了；看到禹的心志，就可以知道天下小了；由壺子的論點，就可以知道死生如一了；見到求子的行爲，就可以知道變化是相同的了。

〔分析〕

子求身雖畸形，器官位置雖有變化，然視變化如不變，以爲天爲他創造了美好的形貌。窺井自照，自美形貌，就可以知道變化相同了。

(三)至人無往不遂無至不通

至人所倚的是不能拔動的柱子，所走的是不能關閉的道路，所禀賦的精神如不能竭盡的府庫，所學習的養生得於不會死亡的老師。沒有往而不遂願的，沒有至而不通達的。活着不值得掛心，死了不值得傷神。屈伏伸展，俯仰高下，都抱持着天命而不離。天下的禍福利害，雖然是千變萬轉，都不足以憂心。像這樣的人，心懷素樸，固守精神，像蟬脫殼，像蛇解皮，傲游在太清之境，輕舉而獨行，忽然進入自然而與自然合一。就是鳳凰都不能夠和他相偕，何況斥澤中的鷃雀，飛不出頃畝之地，更不用說了。那麼勢位和爵祿，又怎麼能夠來量至人之志呢？

〔分析〕

至人依於道，所以能夠靠不拔之柱，行不閉之路，有不竭之神，得不死之師。因爲這樣的人，能夠抱樸守精，與自然合一，絕非勢位爵祿可以衡量的。

四無爲者不爲物拘

崔杼弑了齊莊公，和諸侯盟誓說：不唯崔慶之命是從的人，如此盟。晏子聽了以後說：晏嬰不僅僅忠於君，凡是有利於社稷的，唯命是從。晏子身臨死地，但是不改他的義。杞梁、華周都是齊國的勇士，爲他的君主攻伐莒國，莒國人包圍了兩人，兩人將要戰死，莒國人稱讚他們的勇敢，用重賄來賄賂他們，希望他們停止作戰，但是杞梁和華周，直到戰死而沒有改變自己的行爲。所以，晏子可以用仁來逼迫他，而不可以用武力來刧持他；杞梁、華周可以用義來止他作戰，而不可以用利來誘動他。君子寧願爲義而犧牲，不會因爲富貴而不死；君子爲義而做事，不可以用死亡來恐嚇他。君子的作爲與死，他們僅僅是爲義而已，而且還不爲物所拘束，更何況無爲的人呢，那就更不會爲物所拘束了。

〔分析〕

這是藉着晏子的義，和華周、杞梁的勇，來說明無爲的至人絕不會爲物所拘。因爲真正知義的人，可以迫於仁，而不可以刼以力；真正勇敢的人，可以止以義，而不可以誘以利。由此推知，無爲的至人，自然不會拘於物了。

㈤無累之人不以天下爲貴

唐堯不認爲有了天下爲富貴，所以把帝位禪讓給大舜；吳公子季札不認爲有了國家便尊顯，所以把君位讓給別人；宋國的子罕不認爲玉爲財富，所以他不接受寶物；務光不以求生來害義，所以自己抱石頭投於深淵而死。由以上的事情看起來，最貴的是至德的許由、務光，所以不必有爵位，最富的是至德的楚狂接輿，所以不必有錢財。天下是最大的了，而把天下讓給別人；身體是最親的了，而把身體投棄淵底。除此以外，其他的也就不足爲利了。這就叫做無累的人。無累的人，他是不以天下爲貴的。

〔分析〕

無累的人，不以富貴、尊顯、珠玉爲重。至德的人不以爵位錢財爲貴。更不以天下和身體爲貴。天下可讓，身體可沉，其他的還有什麼捨不得的呢？

㈥明至人之論天下不足利

詳細的看看至人的立意，深深的探究道德的宗旨，然後考查一下世俗一般人的作爲，就知道實在很慚愧了。所以明白了許由輕天下的意思，周公的金縢，太公的豹貂也就不必用了。明白了延陵季子不要吳國的意思，那麼像虞芮訟爭閒田的人就自然要慚愧了。明白了子罕不以寶玉爲利，那麼爭卷契的人就會自愧了。明白了務光不汚於世的意思，那麼貪利偸生的人，就要自己憤懣了。所以沒有見過死君親之難而盡大義的人，就不知道生是不值得貪求的；沒有聽過體道無欲的話，就不知道天下是不値得取利的。今天在窮巷的小社裏，敲着盆子拍着瓦片，作爲配樂來唱歌，自己以爲是很好的音樂了。如果爲他們改敲樹立着而美麗的建鼓，撞擊巨大的洪鐘，於是才聽到了眞正的音樂。然後才知道自己用盆瓴瓦器爲音樂的可羞。家藏詩書，修習文學，但是不能夠了解至論的宗旨和意義，這不就如同拊盆叩瓴的人是一樣的嗎？所以，無以天下爲的人，在能夠和擊建鼓撞巨鐘爲大樂的人相比。人大怒的時候，陰氣盛，陰爲堅冰，積陰相迫擊所以破陰；人大喜的時候，陽氣盛，陽氣上升，積陽相迫擊所以墜陽。大的憂慮使人精神崩潰，大的恐怖使人變成瘋狂。除汚穢，去煩累，都比不上沒有離開宗門的時候，因爲這時候才是大通的時候。這時候明目而不用看，靜耳目而不用聽，閉口而不用說，任心而不用思慮，不用聰明智慧而反回太古素樸的境界，休息精神，拋棄巧飾，清醒的時候像睡覺，活着的時候像死去，結束後再回到原始，人在未生的時候，和死生同爲一體，因爲死生本來就是一體的啊！

〔分析〕

這是用種種的比喻，說明至人不以天下爲利。這是告訴人要能夠放得開，對一切利欲放得開，才能夠做到齊死生的地步。

七能知至大至貴無往而不遂

現在服繇役的人，舉起斫土的鍤，背負裝土的籠，身上鹹汗交流，氣喘衝上喉嚨。在這個時候，能夠在大樹蔭下休息，舒口氣，眞是太高興了。山巖洞穴之間的隱士，就不僅像在大樹蔭下的休息。患疵瘕病的人，捧着心口按着肚子，痛得彎腰使膝蓋可以碰到頭，踡曲喚叫，整夜不睡。在這個時候，能夠痛快的睡一覺，他的親戚兄弟們，都會快樂歡喜的。但是長夜的安寧，並不是一個痛快覺的快樂可比的。所以，明了宇宙的廣大，就不可以用死生來刼迫；明了正道而不惑，就不可以用天下窮勢來移易；明了沒有生時的快樂，就不可以用死來嚇唬人。明了許由比虞舜貴，就不會貪求利欲之物。牆樹立起來，不如它倒下，又何況根本就不做牆的呢？不是更好了嗎？冰凝結起來，不如它溶化掉，更何況根本就不結冰呢？不是更好了嗎？從無形到有形，從有形到無形，生死變化，終而復始，沒有頭緒，死而復生，不知如何發生。內外相通，誰能夠沒有愛惡的情欲呢？唯有無外之外才是至大的，唯有無內之內才是至貴的，能夠明白至大和至貴，就可以無往而不通了。

〔分析〕

了解什麼是至大，什麼是至貴，就不會爲鄙小所拘，不爲鄙小所拘，就不會爲物欲所累。如此，自然可以無往而不通了。

㈥違陰陽迫性命終身可悲

衰世的人趨向於學，不懂得本心歸本，但雕琢他自然的天性，拂戾他自然的眞情，而與世俗同流合污。所以，眼睛雖希望看，偏要用法度去禁止；心裏雖喜歡要，偏要用禮文去節制。趨拱應酬，鞠躬低拜，肉都凝在一起（冷了）而不去吃，酒都變清了（古用濁酒所以可澄）而不去喝，外面束縛了自己的形體，內心愁壞了自己的德性。限制了陰陽的調和，妨害了性命之實，所以終身成爲可哀的人。

〔分析〕

這是說明，人爲的事過多，反傷自然之性。禮文過多，有違自然之心。心靈身體都受拘限的人，不是終身可悲嗎？

㈨不原於本如決江河而不可阻

通達至道的人，就不是這樣了。他能夠調理情性，修治心術，培養情性心術達到至和之境，保持情性心術達到至適之境。樂道而忘掉卑賤，安德而忘記貧窮。能守虛執持不貪物欲的情性，那麼就沒有所想要的不能夠得到了。心裏不喜歡邪淫之樂，那麼就沒有正樂而不喜歡的了。對情沒有益處的，不以情累德；對性沒有好處的，不以性亂和。所以放開形體，舒緩意志，而規模情象就可以作爲天下的表率。現在的儒者，不能夠正性而寡欲清靜，而禁止外在的情欲；不能夠本於他所樂的正樂，而禁閉他所樂的邪淫之樂。這樣的做法，不是像把江河的水源放開，而用手來遮蔽嗎？怎麼能夠擋得住呢？

〔分析〕

清心寡欲，必須用根本的心去約束，才能夠收到效果。如果不能約束心靈，放任而行，最後必至如決江河，勢不可阻，那就沒有辦法收拾了。

(三)違自然不可以終天年

養民治民，和養鳥獸是一樣的，不用圍牆阻擋牠們，使牠們自由自在地自然生長，以存牠們的野性。如果用蠅子繫住牠們的脚，來禁牠們的行動，而想要長生壽高，怎麼能夠得到呢？像孔子的弟子顏淵、子路、子夏、冉伯牛、他們幾位，可以說是孔子學生裏面通達學問的人。但是，顏淵短命夭折了，季路在衞國被殺後剁爲肉醬，子夏在西河因喪子而瞎了眼，冉伯牛生的惡疾。這些人都是因爲違反本性，不順自然之情，而不能夠得到自然的天和，才會這樣的。所以子夏來見曾子，他一會兒瘦了，一會兒又胖了，曾子就問他是什麼原因。子夏回答說：出來外面看見了富貴的快樂，心裏就想要得到富貴；進來裏面看見先王的至道，心裏又很喜歡先王之道。對兩者的抉擇，在心裏發生了衝突和交戰，所以就瘦了，心裏交戰的結果，先王之道戰勝了，所以又胖了。推求子夏的心志，並不是不能貪富貴的地位，或是不愛侈靡的音樂，但應約束性情，禁制情欲，用義來自己加以防閑罷了。這樣做雖是情緒和心理鬱殪不通，形體和本性委屈竭盡，還是在不得已之下以義來自己勉強自己，所以不能夠終他的天年。

〔分析〕

這純粹是道家的思想，才會認爲顏淵、子路、子夏、冉伯牛違自然之性而短命。順自然在理論上是對的，但是行之以禮，約之以德，也不盡爲短命。

(三)至人得自然而不憂

至於至人，按肚量大小吃東西，量身形長短穿衣服，依容身的地方來活動，宜於性情的需要而做為，除此之外，天下雖然富饒，而不貪求天下之富；萬物雖為大利，可以委棄萬物之利。居住在廣大空虛的宇宙，遨遊在無邊無際的大野中，升於天上，依於天神，把天地玩弄在掌握之中，這樣的至人，那裏還為貧賤、富貴、肥胖、瘦小而憂心啊！

〔分析〕

至人放達，以自然為適，所以不以富貴、貧賤、肥、瘦而憂心。

三不隨物而動可去大患

所以，儒者不能使人沒有情欲，而是能夠以義來禁止情欲；不能使人不樂富貴，而是能夠以禮來禁止樂富貴。因此，與其說使天下的人因怕刑罰而不敢偷盜，不如能夠使天下的人根本不起盜心更好啊！南方的越人，得到大蛇以為是上等的肴饌；居住在中國的人，得到大蛇反而拋棄掉不用它。所以，知道它沒有什麼用，即使是貪心的人也能夠不要它；不知道它沒有什麼用，即使是廉潔的人也不能夠謙讓不要。所以國君他殘害滅亡他的國家，損壞拋棄他的社稷，身死在別人的手裏，被天下人所恥笑，何嘗不是爲了不應該得到的欲望所造成呢？因此，狄國的君主仇由，貪晉國的大鐘賄賂，而開路迎接，結果把自己的國家亡了。虞國的君主貪利晉國的垂棘之璧，而讓晉國假道於虞以伐虢，結果晉軍回來，把虞滅了，把虞君捉去了。晉國的獻公，貪戀驪姬的美色，而使晉國接連亂了四代。齊桓公爲了吃易牙所做的美味，而用了他，結果桓公死了以後，造成諸子爭位的局面，竟至不能夠按時出葬，而使屍體腐臭生蟲。西戎的胡王，貪慕秦穆公的女樂而淫樂過度，結果失去了肥美的土地。假如使這五位君主，能夠適情的去做，不要求過多的東西，以不求餘作爲自己的限度，不隨着外界物欲的引誘而貪心，難道會有這樣的大患嗎？

〔分析〕

這是說明樂與欲不可貪求過分，狄君、虞君、晉獻公、齊桓公、西戎胡王，都因爲貪求過分的樂欲，而亡國亂家，如果不去追求物欲，怎麼會滅亡呢？

㈢知本去患釜底抽薪

所以，射箭的人，不用箭就不能夠射中，但是學射箭的人，並不做箭。駕御的人，沒有轡就不能駕駛，但是學駕駛的人，並不做轡。如果明了冬天的扇子，夏天的皮裘，對自己根本沒有用處，那麼萬物也就變得和塵土一樣無用了。所以，用開水揚起來止沸騰，沸騰就不能夠停止。如果眞的知道止沸的方法，那麼把釜底的火抽去，才是根本的辦法。

〔分析〕

人想要去利欲，就必須輕萬物，棄天下，這才是最根本的解決辦法。因爲揚湯止沸，不如釜底抽薪啊！

卷第八本經訓

㈠合道可以開盛世

太清無爲開始的三皇時代，和順天時而不暴棄萬物，清淨寂寞而不攪擾萬民。性眞而不變，素樸而守精，無欲而不擾，順時推移而不守故常。因此，內心所守的是無欲而合自然的大道，身體所行的是不越規矩而合於義。起而行之，便成文章，行而踐之，有利於事。他的話簡要而順理，他所行的事平易而順情。他的心和悅而不虛詐，他做的事實在而不巧飾。所以，不必選擇時日的好壞，不必占卜卦兆的吉凶。不必計劃開始，不必討論終結，安定就停下，感發就去做，使身體通於天地，使精神合於陰陽，同和於四時，明照和日月一樣，和造化的天地相和合。所以天以恩德覆蓋天下，地以生息運載萬物，四時的春、夏、秋、冬不會錯了他的次序，風和雨不會造成災虐，日和月淸淨而光明。熒惑、太白、鎭星、辰星、歲星五星，順着軌道運轉而不會亂了秩序。在這個時候，天的元氣至大而普照，就像盛德的君主仁恩廣大可以遍照四海。鳳凰麒麟到門，蓍龜卜兆靈驗，甘露下降，竹實飽滿，美玉出現，瑞草長于庭中。這時候，機巧詐僞都不藏在心中。這就是三皇合道的盛世。

〔分析〕

古人說：「道也者不可須臾離也，可離非道也。」姑不論是仁義之道，或是自然之道，在做爲上，都必須合道而行。得道的人，人必附之，天必佑之，物必和之。所以能够契萬物而開盛世，三皇之時，因爲行合於道，所以成爲盛世。

(二)不合道就會見災殃

及至到了衰世，鑿山石以求金玉，刻金玉以成美器，開蚌蜃來求珍珠，消銅鐵而鑄金錢。萬物的力用盡了，所以就不再滋長了。剖刳懷胎的獸，殺死小的麋鹿，所以麒麟不再出現；把鳥巢翻倒，把鳥蛋打破，所以鳳凰不來翔集。用木燧或金燧來取火，架木作臺，燒森林而田獵，放涸池水來捕魚，人的器用不夠，而府庫卻非常的充實。可是萬物卻不繁生萌芽，卵不孵胎不生的，佔了大半。積土成丘而居，施肥於田來種穀，挖地淘井而飲水，疏導河川使它流通，築城以爲防守，捉獸關起來作家畜。這樣子就會使陰陽乖錯，四時的順序顛倒，雷霆就會毀折樹木房屋，冰雹和霰雪爲害，霧氣和霜雪不停，萬物就會早死而不茂盛。草木荒蕪，聚滿田畝，芟除野草，禾稼不秀而實。草木始生，含華結實而死掉的，不知道有多少。這就是不自然之道的衰世。

〔分析〕

自然界的生態，必須保持平衡，但是要保持生態平衡，就必須愛護動物和植物，不可濫殺和濫伐，亦不可妨碍動物習慣性和植物的自然性。不然的話，就要鬧災了。

三明性審符可以得道

凡是明於本性的，天地不能使他驚恐；明於符驗的，怪物不能迷惑他。所以，聖人所以能夠稱聖，因爲他可以由近處而知道遠，能夠使所有的不同都統一起來。古代的人，和天地同氣，委順於一世。當這個時候，沒有慶賞的利益，也沒有刑罰的威嚴。禮、義、廉、耻四維不必張設，毀謗、讚譽、仁愛、鄙薄都不成立，但是天下的百姓，沒有互相侵陵、欺騙、殘暴、狂虐的。當時的人，都好像處在自然的大道裏。

〔分析〕

本性和符驗都是本於自然的，能够了解自然的道體，渾然歸一，就不會使善惡對立。沒有善惡，就不會各是其是，各非其非。這樣所有的人，不都處在自然的大道裏了嗎？

四 仁義禮樂非通治之本

等到到了衰世，人多財少，出力多而養身的需用不夠，於是就產生了忿爭，所以仁就顯得尊貴了。因爲仁和鄙的不同，所以阿諛的朋黨，彼此相結，設詐謀，懷機巧，人人都施展智巧，而純樸的本性自然就失去了，因此就把義看得尊貴了。但是，凡是陰陽之情，都會有血氣的感通，男女羣居在一起，彼此雜處而沒有分別，所以禮就顯得尊貴了。性命的欲望，常因過度而相脅迫，如果不停止就不能和順，所以就用樂來調和。所以說，仁義禮樂僅可救世風的敗壞，但是，並不是達於治道的最好方法。因爲仁所救的是爭，義所救的是失，禮所救的是淫，樂所救的是憂。此四德不足以達通治的根本。

〔分析〕

仁義禮樂，本爲治世的標準。但是在道家的眼光看來，卻認爲仁義禮樂，都是出道喪之後。天下既已失道，則已無本，無本而用末——仁義禮樂，自然不能通治天下。所以說仁義禮樂非通治之本。

(五)反初心可以不用仁義禮樂

一個人精神定於天下，而使心回到元始沒有情欲純善的時候，能回復到元始沒情欲的境界，人性就會表現出他的純善，人的性表現純善，天地陰陽從而養之，就會財多而人澹泊。貪鄙忿爭就不會產生了。由此看來，仁義是用不着的。道德定於天下，人民就會很純樸，純樸的人眼睛不會惑於美色，耳朵不會留連於音樂，坐在俳優之中而聽歌謠，散髮而自在逍遙，就是有像毛嬙西施那樣的美女，也不會去喜歡，就是有羽舞和周武的武象之樂，也不會去享樂。所以淫泆和男女無別的事就不會產生，由此看來，禮樂是用不着的。所以德衰了，然後仁就產生了；行爲敗壞了，然後義就建立了；和順失去了，然後音樂就調和了；禮過分了，然後僞裝的面孔就出現了。所以，知道神明的原因，然後就知道道德是不值得做的；知道道德，然後知道仁義是不值得推行的；知道仁義，然後知道禮樂是不值得去學了。現在違反了它的根本，而要求他的枝末；放下它的簡要，而只求它的詳盡，這是不可以和他談至德的大道理的。

〔分析〕

在太古無事的時候，只有自然的道德，而沒有人爲的仁義禮樂。後來因爲世衰，人爲的仁義禮樂出現了。但是反而使世界更亂，這並不是仁義禮樂不好，而是說人如果恢復原始的時候，根本就沒有巧詐，又何須設仁義禮樂來治民呢？所以說反初心可以不用仁義禮樂，因爲不須要啊！

㈥修仁義禮樂則德遷而僞

天地的大小，可以用矩度和影表測知的；行星和月亮的運行，可以用歷術求得的；雷霆震發的聲音，可以用鼓鐘來倣效的；風雨的變化，可以用音律豫知的。所以，凡是大而可見的，就可以量得出來；凡是明顯可看到的，就可以遮蔽得住；聲音可以聽得到的，就可以加以調和；顏色可觀察的，就可以詳加分別。至於至大，是天地所不能包含的。至小，是神明不能理會的。等到定下了律歷，分別了五色，辨清了宮商，品味出了甘苦，那麼未成器的木材，就會散而成器了。建立仁義，設置禮樂，那麼自然的德，就會移易而成爲虛僞了。等到虛僞產生了，就會裝着聰明來唬愚笨的人，運用巧詐來欺騙上級。像這樣詐僞並起，天下雖有能用法來治理的，但是卻沒有能用道來治理的。

〔分析〕

這就是老子所說的「失道而後德，失德而後仁，失仁而後義……。」因爲仁義禮樂，會使人失去自然的德，自然的德失，詐僞就會產生。這樣的社會，就會陷入強凌弱，衆暴寡，知詐愚的狀態。這就是過於注重仁義的原因啊：所謂內聖外王，失本而僞生也。

(七)大巧不可爲

上古的時候，蒼頡創造了文字，使人詐僞萌生，拋棄了耕作，專門求取刀錐之利。天知百姓將要受餓，所以，下雨的時候，所下的都是粟米。鬼怕爲書契文字所劾，所以在夜裏哭泣。伯益發明了鑿井的方法來取水，龍知道人將要決川谷，漉陂池，恐怕被害，所以就入雲而去，棲神在昆侖山上。人的能耐愈多，德就愈薄。周人鑄鼎，把堯時的巧工倕的像著在鼎上，使他自銜他的手指，來戒後人不應該太巧於作爲。

〔分析〕

這是說明人類太崇尚奇巧，就會妨生。以現在的眼光看，這種反對知識的觀念，固然是道家欲達到無爲而治的方術。但是這種保守而不進步的思想，和現在的社會是不能相容的。

(八)至人大盈若虛

所以至人治天下的方法，是心和神不分離，形和性相調和。靜的時候以德自存，動的時候以道自通，順隨着自然的天性，緣着不得已的變化，無形無爲，天下自然和諧；恬澹沒有欲望，百姓自然樸素；沒有吉凶之兆而民不會夭折；大家不忿爭而養贍充足。他可以包容整個海內，恩澤可以施於後世。但是海內和後世，都不知道是誰做的。所以活着的時候沒有名號，死了以後沒有諡號，財貨沒有聚集，名譽沒有建立，施的人不以爲恩德，受的人不加以辭讓。像這樣，所有的德都交歸於他的一身，而仍然不顯得充滿。

〔分析〕

這是說明至人能受，能受的原因，是因爲他能虛下，所以衆德歸之而不盈。

㈨瑤光爲萬物的糧食

德能夠總歸於一，道不能害它；智慧高的人不能知道的事，善於口辯的人，是不能夠辯解的。以不說話的辯論作辯論，以不可說的道爲道，如果能夠通不言之辯，不道之道，這就叫做天府，天府所藏，取用不會減少，予人不會竭盡，而且不知道是從什麼地方來的，這就叫做瑤光，瑤光是北斗杓的第七星，就好像是供給萬物糧食的天倉一樣。

〔分析〕

這是藉着瑤光來喻道的，瑤光像天倉，可以供給萬物糧食。而道却取之不盡，用之不竭。不也像萬物的天倉嗎？

㈩無災至和之世聖賢不能立功德

賑救窮困的人，贍補不足的人，就會有仁名產生。興辦利益，除去災害，討伐叛亂，禁止殘暴，就能完成武功。但是，如果世上沒有災害，就是神仙也沒有辦法施他的恩德。如果上下都能和睦相處，就是賢人也沒辦法建立功績。從前在黃帝的時候，有一位造歷術的容成氏，他能夠使道路上的行人長幼有別，把嬰兒放在巢有上，把餘糧放在田頭，虎豹不害人，可牽牠的尾巴；虺蛇不螫毒人，可以從牠身上跨過，當時的人這樣做，都認爲是當然的，而不知道爲什會這樣。

〔分析〕

世界到了至和的時代，可以說功德已經圓滿了。根本不須要功德。所以神仙不能施恩澤，聖人不能展功績。這就像吃飽的人不可加以食，喝足的人不可加以飲是一樣的啊！

(二)堯使羿爲民除害

到了帝堯的時候，十個太陽一齊出現，把禾苗稼穡晒乾枯了，把花草樹木都晒死了，百姓沒有東西可以吃。這時候猰貐、鑿齒、九嬰、風伯、大豕、長蛇，都出來爲害於民。堯就派善射的羿，射殺鑿齒於疇華之野，殺九嬰在凶水上，遮住大風在青丘之澤使風不爲害，把天上的十個太陽射下來（應該是九個），把地上的猰貐殺掉。在洞庭的地方斬斷了長蛇，在桑林的地方擒捉了大豨。天下所有的百姓，都非常歡喜，把堯尊奉爲天子。到了這個時候，天下的廣狹，險易、遠近，開始有了明白的距離。

〔分析〕

這段話是上古傳說的神話，藉着神話說明凡是能爲民除害的人，都爲百姓所擁戴。

㈢舜使禹治平洪水

到了舜的時候，共工動蕩洪水，使洪水迫近於空桑。這個時候龍門峽還沒鑿通，呂梁山也沒有決開，江水和淮水合流，混茫一片，沒有邊際，所有的百姓都到丘陵上和樹木上避災。舜就派大禹疏通引導三江和五湖，開闢伊闕以通伊水，導引廛澗使它通流，打通所有的溝洫，使洪水流注到東海，洪水漏光了，九州全部乾燥了，天下的百姓都安居樂業了，所以後世的人都稱堯舜爲聖人。

〔分析〕

因爲堯、舜、禹三人，都對天下百姓有貢獻，都以救民爲職志，所以被稱爲聖人。

㈢有聖賢之名必遭亂世之患

到了晚世的時候，出現了暴君夏桀和殷紂。夏桀用璇石作宮室，用瑤石作高臺，用象牙飾廊殿，用玉床來安寢；殷紂王積肉成園圃，積酒成深池，撩聚天下的財貨，疲苦百姓的力量。把諫正他的比干的心剖出來看，把孕婦將要生產的胞胎解剔出來觀，擾亂天下，殘虐百姓。所以商湯用革車三百輛，討伐夏桀於南巢的地方，把夏桀逐放在夏臺；周武王用甲卒三千人，大破紂王在牧野的地方，在宣室把紂王殺死。這時候天下寧定，百姓和睦相處。所以大家都稱讚湯武的賢能。由以上的事情看來，凡是有聖賢之名的，一定會遭遇到亂世的禍患。

〔分析〕

就這段話來看，完全是道家的一種看法。因爲湯、武革命是順乎天而應乎人的，但是他們却遇到了桀、紂之亂。依道家的理論，如果沒有聖賢之名，也就不會有世亂產生了。

四取成迹則博學多聞而愈惑

現在的至德之人，生在亂世的裏面，包含至德，懷抱大道，抱無窮的智慧，閉口息說，不說話而死的太多了。但是天下的人，沒有人能夠知道不言的可貴。所以老子說：至道若是可以用言語說出來，就不是不變的常道；眞人的名如果可以用名說出來，就不是不變的常名。聖賢的話著在竹帛上，或刻於金石上，可以傳於世人的，只是他們的粗跡而已。五帝的黃帝、顓頊、帝嚳、帝堯、帝舜，和三王的夏、商、周，雖然所作所爲各有不同，但是他們的目的是一樣的。他們所用的方法不同，但是同歸於仁義。後世的學者，不知道道是統一的整體，德是凡約的全要，而用過去已成的事跡，高坐空談，手舞足蹈。所以，號稱爲博學多聞的人，而仍然免不了疑惑。詩經上說：不敢無兵器來搏虎，不敢無舟楫而渡河。這是說明淺見的人，只知一面，而不知道其他的，就是指的這個啊！

〔分析〕

因爲過去已成之事迹，只在當時有它的效用，過後不一定能够再用。就像前人的鞋子，只有前人可以穿，後人不一定能够穿。旣然如此，博學多聞只不過是知道前人的事迹而已，不一定能合於今世之用，不是多而愈惑嗎？

㈤帝王霸君各有所法

帝者所法爲太一，王者所法爲陰陽，霸者所法爲四時，君者所用爲六律。秉持太一的帝者，可以包括天地，彈山川使出雲雨，又可以壓而止住雲雨。可以包含陰陽，顯露陰陽，可以伸引四時，和調四時，使八極正位，六合能合自然之道。天的覆蓋和恩澤，照臨和引導，是公衆而無偏私的。會飛的小動物和會爬的小蟲，沒有不仰賴太一之德而生的。

〔分析〕

這是說明一切皆法於自然之神——太一。太一爲萬物所共賴。其實太一就是道。

(六)陰陽轉化其原無窮

陰和陽是承受天地的和氣，而表現出了萬物不同的形體，含蘊着陰陽之氣，變化生成了萬物，同時造成了各種形類，長短屈散，入於不可度測的深境。終而復始，虛而再滿，互相轉化而歸於沒有窮極的本源。

〔分析〕

陰陽二氣是循環轉化沒有窮盡的，和自然界的日夜、四時循環是一樣的，而且永遠不會停止。

(七)四時合序各不相失

四時的節序，春天是萌生，夏天是成長，秋天是收穫，冬天是儲藏。取用和給予，都有一定的節制，付出和收入都有一定的數量。開閉張合，都不失掉次序，喜歡和憤怒，剛強和柔弱，都不會不合道理。

〔分析〕

自然界的秩序，是絛然不亂的。所以人應該法自然，合信約，依時作爲，自然可以行無所失了。

㈥六律可以治境內

六律所主的是生和殺，賞賜和懲罰，布施和收取，除了用六律之外，沒有別的方法。所以，要謹愼權衡使它公平，準繩要合法而直，詳審於輕重，就很可以治理他的境內了。

〔分析〕

生殺和賞罰，必須合道。用現在的話說，就是合律。一切都能合律，自然可以治境內了。

㈨體得其宜可以服人心

所以能夠效法太一的，就能夠明白天地的情況，通達道德的條理，聰明和日月同光，精神和萬物相通，動靜和陰陽相調，喜怒與四時相和，道德恩澤延於遠方，美名聲譽後世皆聞。效法陰陽的，德可以和天地相參，明可以和日月相併，精神可以和鬼神相合，頂天立地，抱正守直，就內而言，可以治身立世，就外來說，可以得人歡心，發布號令，天下的人民，沒有不隨着號令而從化的。效法四時的，柔軟而不會斷絕，堅剛而不會挫折，寬舒而不緩慢，緊急而不違正。寬舒而順乎自然，來畜養萬物。他的大德，可以包含愚昧，容納不肖，而且沒有一毫的偏愛。以六律爲法則的，討伐叛亂，禁止暴力，進用賢人，退除不好的人，擔任撥亂反正的工作，負起化險爲夷的責任，拿出正曲爲直的精神，明白禁止舍棄、開放關閉的道理，乘着時代，順着形勢，來服使人心，天下人的心，就沒有不服的了。

〔分析〕

這是說明法太一、陰陽、四時、六律的效用。如果能如此，可使聲名傳於後世，萬物從化，百物順生，天下歸心。

三貴賤不失其體可以治天下

稱帝的人效法稱王的人所法的陰陽，會被諸夏侵陵；王者如果效法霸者所效的四時，就會為諸夏所侵削；霸者如果效法君者所效的六律，就會遭到侮辱；君主如果失去了準繩，就會被臣下廢絀而更立他人。所以，位小而行大政的人，就不能夠滿密，他的部屬就不會親附他；位大而行小政的人，就顯得陋隘，不能夠包容他的臣下。一定要貴賤不失他所應該效法的對象，這樣子天下就可以得到大治了。

〔分析〕

這是就規模和氣度來說的，大才不可小用，小用就會失掉儀型；小才不可大用，大用就不能夠滿密。必須要素其位而行，才能夠大小咸宜，行無所失。這樣自然可以治天下了。

(三)閉四關止五遁可以稱眞人

天是喜歡光明的，地是喜歡平正的，人是喜歡理智的。天的光明，包括日月星辰雷電風雨。地的平正，包括水火金木土。人的理智包括思慮聰明和喜怒。所以，關閉耳目心口四關，停止金遁、木遁、水遁、火遁、土遁這五遁，使它不能放逸，就可以和道相入了。所以神明藏的地方是無形之處，精神所反歸的地方是至身之處。這樣雖然是眼睛看得見，而不用它來看；耳朵雖然聽得見，而不用它來聽；心雖然條達，而不用它來思慮。委順自然而不作爲，和樂處世而不自大。合於性命的自然之情，而智巧不能夠襍糅其中。精通到眼睛，就會看得清楚；精在耳朵中，就會聽得清楚；精留在口裏，說話就會合理；精集在心裏，思慮就會通達。所以關閉四關，身體就不會有禍患，百節不會生病。不死不生，不虛不滿，永遠守常，就叫做眞人。

〔分析〕耳目心口，叫做四關；金遁、木遁、水遁、火遁、土遁，叫做五遁。關閉耳目心口的欲望，停止金、木、水、火、土五遁的放逸，就可以稱爲真人了。

㈢放逸產生五遁

凡是亂事產生的原因，都是因爲放逸的關係。放逸產生的結果有五種。

〔分析〕這是說明放逸生亂的種類。

㈢放逸於木

連接木材相升架高，與建宮室，高樓飛閣，複道相通，復屋棼井，內刻雕花。

長柱短柱，連接支持。木上巧刻裝飾，有曲屈的盤龍，有露出的虎頭，雕刻之巧，琢磨之美，奇異的文彩，有如盪動的水波。各種繪畫裝飾，像水流回轉種種形狀，菱采曲抱，美采相接，各種紛亂的裝飾，巧妙衆多，錯雜交互於其間，這是放逸於木的情形。

〔分析〕

放逸於木的意思，就是用木的奢華和浪費。

(四)放逸於水

挖鑿汙池，要求愈深愈好，修築崖岸，希望愈遠愈好，把谿谷的流水引來，整治曲岸的岸邊。又把玉石運到水邊，緣着水邊作成修碕，以擋住急流，而使急流激揚出水波。彎彎曲曲，來回轉流，來模仿番隅和蒼梧二國，被羣水環繞的樣子。多種植蓮藕、菱角，並用來養殖鼈魚。大雁鳳凰，隨處可見，稻米粱粟，非常豐富。大大的龍船上，畫着鷁鳥在船頭上，船上奏着籟竽等音樂，作爲娛樂，這是放逸於水的情形。

〔分析〕

放逸於水的意思，就是沈緬於水戲的意思。

㈤放逸於土

建築高大的城郭，設立障碍險阻，積土成高臺，架木爲高樹，開拓苑囿使它廣大，來極盡天下的妙觀。門闕的高聳，可以上接青雲，大厦的材木相架，可以比於昆侖。作長長的牆垣，而用飛閣複道相連接。高處墮落下來的殘土，可以使地上積爲丘山。道路阨塞的，使它正直，險阻的，把它夷平，可以直接疾行達到遠方。整天快速的奔馳，而沒有走路蹈踏煩累。這是放逸於土的情形。

〔分析〕

放逸於土的意思，是指大興木土的奢侈浪費。

(三六)放逸於金

鑄造大的鐘和鼎，增美國家的重器，上面鏤種種花木蟲魚，互相纏結。上面有睡着的兕，有臥着的虎，有盤屈的龍，彼此詰屈連接，像織組的文章。光澤明亮，錯雜眩眼，一片輝煌，曲屈糾結，交互成章，刻畫琢磨裝飾在雜錫的寶劍和鐃文上，上面的文像脂膩不可刷去，像連珠不可拾取，所以忽然暗忽然亮。劍上文理的美觀，使它的瑕疵完全隱沒不見，文鐵像霜雪一般，都掩身中，劍鐃上的邪文，像編的竹蓆和葦蓆一樣。劍上的文路相曲連纏繞如綺，經長像錦，像數而疏，文鐃的美麗，使人目眩，這是放逸於金的情形。

〔分析〕

放逸於金的意思，是指對金屬鑄造的奢侈浪費。

㈦放逸於火

煎熬燒烤，味道調和得非常好，能夠極盡吳楚二國酸鹹的滋味和變化。焚燒森林，來獵取動物。燃燒大的木頭，用大風箱吹火，來冶煉銅鐵，燒熔了鍛，鍛過了燒，使它愈鍛愈堅，這樣沒有停止的日期，結果山上沒有高的樹幹，樹林裏面沒有長的枝條。把木材燒成炭，把火燒成灰，原野上一片白地，被火燒得上可掩蓋天光，下破壞光了地上的財物，這是放逸於火的情形。以上五者之中，有一項，就足以造成滅亡了。

〔分析〕

放逸於火的意思，是指不當的焚燒和冶鑄。以上五種放逸，就是所謂的五遁。這五遁是必須停止的，不然，就有亡國敗家的危險了。

㈧明堂之制可免於放逸

所以，古代對明堂的設計，下面的潤溼，潮溼不到上面來。上面的霧露，不能夠進到裏面來。四面的風，不能夠吹襲進來。用土不加文飾，用木不加雕畫，用金不加錯鏤，衣服沒有邪角的減削，冠沒有像馬目籠相連干的樣子，只取它平直。堂的大小，能夠升降揖讓，辦理政事文書就可以了。祭祀的供品，非常的清潔乾淨，能夠祭上帝，敬鬼神，以表示百姓知道節儉。五聲、五色和五味，以及遠方國家來的珍奇怪物，瓌寶異貨和罕見的東西，都能夠使人變易心志，動搖精神，引動血氣的，像這樣的事太多了。所以天地生的財物雖多，不超過金木水火土五行之數，聖人能夠接受這五種常行，治理國家就不會荒廢放逸了。

〔分析〕

藉明堂的實用，闡明儉約的重要，能夠樸實無華，不爲金、木、水、火、土五行所逸，則治理天下國家又有何難呢？

㈩有質乃可以飾文

人在性格表現上，不喜不怒，而又能遂心而不違喜怒，就會得到快樂。快樂就會動，動就要用脚蹈，用脚蹈就會跳動，跳動就唱歌，唱歌就跳舞，歌舞沒有節制，就和禽獸跳躍沒有區別了。人在性格表現上，心裏有憂喪，就會產生悲，悲就會哀傷，哀傷就會憤恨，憤恨就會惱怒，惱怒就會動，動就會使手脚不安。人在性格表現上，被別人侵陵冒犯，就會生氣，生氣就會氣血充盈，氣血充盈就會氣激，氣激就會發怒，發怒就可以解恨了。所以用鐘鼓管簫來奏音樂，用干鏚羽旄來跳舞，那是表示喜悅；用喪服麻杖，哭泣跳踊，有一定的節制，那是表示悲哀；用兵革羽旄，金鼓斧鉞等武器，那是表示威怒。一定要有它的實質，然後才加上文飾。

〔分析〕

快樂、憤怒和哀傷，是人的情緒表現。但是，如果沒有節奏和節制，不是和瘋狂了一樣嗎？所以歌舞哭喪，必須文之以節，使其質文並具，方不會有過逸之病。

〔三〕聖人之治

古代的時候，聖王們在上位，政治教化平和，仁民愛物非常周洽，在上君臣和在下的百姓，都能夠同心協力，君主和大臣，都能夠和睦。吃的穿的都用不完，家家富足，人人有錢。父親慈愛，兒子孝順，兄長良善，弟弟恭順，活着的人不怨尤，死了的人沒遺恨。天下和平周洽，人人能得到自己的願望。衆人心裏相樂，沒有人發出他的恩賜，所以聖人就替他們作音樂來通達節制他們的情緒。

〔分析〕

聖人化民，呈現一片和樂的景象。這是用樂使天下的百姓達於致和的關係。

㈢末世之治

末世的政治和治世不同，種田的人和打漁的人，都要抽重稅，關隘市井，徵稅繁多，所有的川澤津梁全加禁止，捕漁的網罟沒有人用，耕田的耒耜沒有人使，百姓所有的力量，全部用盡在徭役方面，所有的財力，全部用盡在計口所出的賦稅上。安居在家的人沒有飯吃，出門在外的人沒有糧食，年老的人不能供養，死了的人沒錢出葬，賃妻子，賣兒女，來供給君上的稅斂，這樣做仍然還不能夠贍足君上的要求。天下的百姓愚夫蠢婦們，都產生了失業流浪之苦，和悽愴傷悼之心。這個時候，開始給他們撞打最大的鐘，擊敲最響的鼓，吹竽笙那樣的管樂，彈琴瑟那樣的絃樂，這不完全失去了音樂根本的意義了嗎？

〔分析〕

國家社會到了民不堪命的時候，雖有鐘鼓大樂，也沒有辦法使人民達到至和之境。此時大樂，反增其悲。

㈢上世君臣父子之情

上古的時候，君主要求百姓的供給少，百姓的財用充足。君主施他的恩德給民衆，臣子盡忠心於國君，父親行他的慈愛，兒子盡他的孝道，君臣父子各盡他們的愛心，而沒遺憾和怨恨。三年的喪期，不是勉強可以達到的，在喪期中，聽音樂不快樂，吃好吃的東西不覺得好吃，這是因爲思慕親人的心意，不能夠停止啊！

〔分析〕

因爲上古的人少私寡欲，純潔誠樸，所以社會顯現出來一片和樂安詳的景象。而親情的自然流露，更表現了天倫之樂。

㈢晚世君臣父子之情

到了晚世的時候，世風流蕩失眞，習俗敗壞不誠，嗜好慾望增多了，禮節義氣廢除了，君與臣之間互相欺騙，父與子之間互相猜疑，怨尤的心思充滿於胸中，忠孝思慕之心全都沒有了。身上穿着喪服，頭上戴着孝帽，在喪中戲笑，雖然要他守三年的喪期，但是已經失去守喪的本意了，因爲喪的本意是在於哀戚啊！

〔分析〕

人都失去了真實和誠樸，代之而起的是虛僞，禮義雖存其形，人情日見疏薄。

㈢古代天子諸侯的責任

古代的時候，天子有方千里的土地作爲他的王畿，諸侯有方百里的土地作爲他的國境。各自守護自己的疆界，不可以互相侵奪。有不奉行王道的，像暴虐衆人百姓、爭搶土地侵犯疆界、擾亂政治干犯禁令、召他不肯到來，命令他不肯奉行、禁止他不肯停工，教誨他不肯改變。這樣的人，就要擧兵去討伐他，殺掉他的君主，更換他的黨羽，封他境內賢人的墓，祭祀他們的社，卜吉日立他的子孫來代替他。

〔分析〕

天子有安天下的責任，諸侯有治其國的責任，安天下，治國家，首當建立權威和秩序。然後用權威和秩序來正天下國家。

㈢晚世天子諸侯的貪殘

晚世的時候，專心於開廣土地，侵犯疆界，互相兼并，永不停止。擧兵攻伐都是不義的舉動，討伐的國家都是有罪的國家，殺的人民都是無罪的百姓，同時斷絕了先聖先王的後裔。大的國家就用兵出攻，小的國家就防禦守城，掠奪人民的牛馬，囚繫百姓的子女，破壞人家的宗廟，運走人家的重器。死傷的人，血液可以流成河，暴露在外的骸骨，拋滿原野。這樣子來滿足貪婪君主的慾望，這不是設立軍備的原意啊！

〔分析〕

晚世用兵，全在侵陵，不在禁暴止亂，這就完全失去了設立軍備的意義。我們知道，國家建軍的目的，在保護善良，維持正義，而不是作為侵略攻佔的工具。

(三六)本立道行本傷道廢

所以，軍隊是用來討伐殘暴的，並不是用軍隊來製造暴亂的；喪禮是為了要盡哀戚的，並不是用來假作樣子的。因此，事奉親人盡孝道，而以敬愛親人為第一；朝廷之上眾人濟濟有序，而以禮敬君上為第一；居喪的時候守着喪禮，而以哀戚為第一；用兵是有陰陽虛實的方法的，但是要以合於正義爲根本。凡事如果建立了根本，這件事就可以實行了，如果根本被傷害了，這件事就行不通了。

〔分析〕

凡事都有它根本的意義，如果失去了根本，而只重它外表的形式，那就要傷本廢道了。

卷第九主術訓

㈠自然爲治的方法

做人君的方法，最好是順自然而辦事，順自然行敎化，淸靜而不多事，統一法度而不改變，守法不變而信任屬下，使屬下盡責完成任務而不自己勞動。所以，心中雖然知道規矩，仍然須要有老師和輔相的人來加以導正。口裏雖然能夠說話，仍然須要有外交官來代表說話。脚雖然可以自己走路，仍然須要有司儀的人引導。耳朶雖然能夠聽得明白，仍然須要執正的諫官來進言相諫。這樣去做，所考慮的事，沒有失敗的，所擧行的事，沒有錯誤的。說出來的話，典雅明白，做出來的事，可作模範。向前退後，都很合時，舉動停止，都能順理。不隨便表示美醜好惡，不隨便賞罰喜怒。名各自依名而分，類各自依類而別，事事都出於自然，而不出於自己。所以，古代的王者，冕前面有旒垂下，爲了要遮住眼睛。用黈纊塞住耳朵，爲了要擋住耳朵。天子樹立垣牆，爲了要自己障蔽自己。所以他所管的很遠，而所在的地方很近。他所治理的很大，所持守的很小。所以，眼睛亂看就會好色，耳朵隨便聽就會迷惑，嘴巴隨便說話就會大亂。眼睛、耳朵、嘴巴這三個關，不可以不謹愼的牢守。這是合於自然之道的。假如想要範圍自然，就會離開自然，假如想要修飾自然，就會敗壞自然。天的陽氣爲魂，地的陰氣爲魄，魂魄歸還於玄默之房，各別安住在它的宅內，持守而不要失掉。上可以通到太一，太一的精可以通於天道，天道是玄默的，沒有容貌，沒有法則，大得沒有窮盡，深得不可測度。天道這麼廣大，人的知識怎麼能夠完全知道呢？

〔分析〕

自然廣大，知不可盡，所以不能夠靠耳目聰明，就可以全聽全明。既然是視聽不能够盡聰明，那就不如不用耳目，而用自然。所以淸靜無事，無爲自得，就可以了。如能依自然而因循任下，責成不勞，那豈不是做君主的最好方術嗎？

(二)神農治天下的方法

從前神農氏治天下的方法，先使精神安靜而不躁動，誠信守在內心，時時刻刻都懷抱着愛人而眞實的心。所以好的甘雨依時下降，五穀生長茂盛。春天生芽，夏天成長，秋天收割，冬天儲藏。每月省察，時時考查成績，年終的時候，報上總成績。按照時令把新熟的五穀薦於明堂嘗之，祭祀於明堂，明堂的定制，有蓋而沒有四方。風雨不能侵襲，寒暑不能夠傷害，倘佯於明堂之中，治民以大公。百姓們樸厚勤正，不須要忿爭而財用就能充足。不須要勞動形體而事情就能成功。順着天地所施予的而和他和同。因此，雖然是威武嚴厲而沒有殺戮，雖然有刑罰而錯置不用，雖然有法令可省減而不加。所以他的教化像神一般。他的土地，南到交阯，北到幽都，東到暘谷，西到三危，所有的民衆沒有不服從他的。在這個時候，法令寬大，刑罰不急，監獄是空的，天下的風俗都一樣，沒有人存着作姦犯科的壞心。

〔分析〕

這是說明神農氏順自然而治天下，天下清靜沒有苛擾，所以四海歸心，天下一俗，民皆懷正。

㈢多事則事不治

末世的政治就和神農時代不同了，君主喜取用於民而沒有節制，一般的人都貪得而不肯相讓，百姓們都很貧苦而發生爭奪，事情費勞力而沒有效果。智僞和巧詐產生了，盜賊愈來愈多了，上下互相懷怨，號令不能推行，執掌政權和主管的官員們，不專心一意歸於道本，反而矯情詐僞違反根本，專門治理枝末。減削德行，增加刑罰，想要這樣達到治天下的目的，這和手裏拿着彈弓叫鳥飛來，持着木棒和狗玩有什麼差別呢？這樣做不是使混亂更加厲害了嗎？所以，水混了魚就會張口在水面呼吸，政治苛虐了老百姓就會生亂。所以畜養虎豹犀象的人，給牠們作了圍欄，供給牠們的須要，讓牠們饑飽適中，避免牠們吼怒，這樣來照顧牠們，但是牠們不能夠終天年，原因是牠們的形體受到了拘束和限制。所以說在上的人多巧，在下的人就會多詐；在上的人多事，在下的人就會多花樣；在上的人多煩擾，在下的人就會不知所從；在上的人要求多，在下的人就會相爭奪。不專務於根本，而空着重於枝末，那不就像播揚土灰來止塵埃，抱着柴薪來救火嗎？

〔分析〕

這是說明以多事爲治的害處，多事爲治，不但不能治事，反而像揚土止塵、抱薪救火一樣，會愈來愈亂呢。

(四)聖人的治術

聖人治天下的方法，事情省約而容易治理，要求少而容易滿足，不用專施而自然愛人，不用說話而自然合信，不用要求就能得到，不用作爲就會成功。安然自得而保眞，懷抱道德心推誠實，天下的百姓自然都願跟着他走，就像音響的應聲、影子的隨形一樣。這是因爲他所治的是根本啊！因爲刑罰不能夠改易風俗，殺戮不能夠禁止姦邪，只有自然的爲寶貴，至精爲最靈。因爲大聲叫不過聽百步之遠而已，但是心志所在之處，可以通於千里。像冬天的太陽，夏天陰涼，萬物都會依時歸附，沒有人使其這樣做而都自然如此。所以至精的象，不用招請就自己會來，不用指揮就自己會去，深遠幽暗，不知道造化作爲的是什麼人，可是功績自然就出現了。有智慧的人不能說，會辯論的人沒有辦法形容。

〔分析〕

聖人以無事爲事，而事皆治，此用自然之功也。貴神化，守至精，可以無爲而成。

(五)孫叔敖與熊宜遼

從前孫叔傲爲楚相，清靜無事，每天恬臥養德，使國家安定，敵國不犯，楚人不必舉兵出，所以不害兵鋒於四方。楚國市南的熊宜遼，白公勝用劍威脅他，他不爲所動，心志不懼，手中弄丸不輟，既不幫助白公，亦不把話告訴子西，使白公和子西之難都不怨他。堅固的皮帶，鋼鐵的鎧甲，怒目握拳，這和修德來抵御敵人的兵刃，相差太遠了。用劵契束帛的約束，刑罰斧鉞的威脅，比起來守信以解難又不如了。這就像等着眼睛來看，等着話來下命令，靠這樣去治天下，那就難了。

〔分析〕

古人說：攻心爲上，攻城爲下。這不是和無事爲上，有事爲下一樣嗎？恬臥可以却敵，何必用兵？弄丸可以無怨，何必殺人？無爲而成，何必有爲？

㈥以不治爲治

衞國的大夫蘧伯玉作相，端木子貢去看他，問他說：你用什麼方法治理國家？蘧伯玉回答說：我是以「不治」作爲治理國家的方法。趙簡子計畫要攻伐衞國，派史黯去看虛實。史黯回來報告說：蘧伯玉作衞國的相，不可以派兵攻打衞國。像這種情形，就算有堅固的要塞，險阻的形勢，又怎麼能夠勝過國家有賢人呢？

〔分析〕

這是說明以不治爲治的效用。所謂的以不治爲治，是指賢人在位，德高民服，敵不敢侵。事實上是國家已治了。

㈦不治爲治的例子

陶皐因爲喉疾不能說話，但是他卻擔任斷獄的大理之官，使天下沒有暴虐的酷刑，這不是勝過了能說話的人嗎？師曠因眼瞎看不見，但是他擔任太宰之官，使晉國沒有亂政，這不是勝過了眼睛看得見的人嗎？皐陶瘖而行不言之令，師曠瞽而行不見之教，結果都能大治天下。這也就是伏羲和神農所以用爲法則的原因啊！因此，百姓的服從教化，不是服從他所說的話，而是服從他的好行爲。所以，齊莊公喜歡勇力，但卻不許臣下鬭爭，結果使得國家增多了混亂，慢慢的竟演變成崔杼弒莊公的大亂。楚國的頃襄王愛好女色，又不許臣下諷諫議論，結果使百姓發生昏亂，積至最後竟演變成楚大夫昭奇的禍亂。所以，至精所感動的，就像春氣主生，秋氣主殺一樣，就是用快傳急送，也沒有這麼迅速啊！

〔分析〕

以不治爲治，必須有好的榜樣，作爲百姓效法的對象。否則，是不足以率民的。如齊莊公和楚頃襄王，就是其身不正，雖令不從的最好例子。

(八)誠心不施不可以移風易俗

所以做人君的，不就同射箭的人一樣嗎？在這裏差一點，到那裏就差多了，所以一定要謹愼小心開始的動作。像榮啓期一彈琴，而孔子聽了三天快樂，因爲他被至和之氣所感動了；鄒忌鼓琴循絃一揮，齊威王聽了整個晚上都悲哀，因爲他被憂愁的氣氛所傳染了。彈在琴瑟上，發出了聲，就能夠使人產生悲哀或歡樂。但是高懸着法令，布告出獎賞，但是不能夠移風易俗，這是因爲他的誠心沒有用到啊！甯戚悲歌在車下，齊桓公喟然之間就感寤了，所以說至精感人是很深切的。所以說：聽音樂的聲音，就知道他們的風俗，看到他們的風俗，就知道他們的敎化。孔子學彈琴於師襄，而能夠了解文王的心志，可以說是看見微就能夠知道著了。吳國的延陵季子，聽了魯國的音樂，就能夠了解殷代和夏代的風俗，這是聽到近的，就能夠了解遠的啊！這些作於上古，施於千歲之後，而文章不會磨滅，何況是與時並存而化民呢？

〔分析〕

凡事一定要愼於開始，而且要有誠心，不然就會差以毫釐，謬以千里了。唯有至精至誠的人，可以移風易俗而顯功於世。

(九)爲治任誠不任術

商湯的時候，有七年的旱災，商湯王親身祈禱於桑林之間，於是四方的雲都集中過來了，千里之外的雨也到了。抱着眞實的心，表達了眞誠的意，感動了天地，精神感通了遠方，發號施令，立刻可以推行，法令禁絕的，立刻可以停止，難道會做不好嗎？古代的聖王，把至精存在內心，把好惡忘於形外，說出來的話合情，發出來的號令明白，用禮樂陳列作爲敎化，用歌謠表演以觀風俗，事業貫通萬世而不塞，橫滿四方而無窮，禽獸昆蟲都和他一齊陶冶化育，更何況執法施令呢？所以，最上等的方法是用神化，其次是使他們不能夠做壞事，再其次就是取用賢人而懲罰虐亂。銓衡於左右，不私自以定輕重，所以可以稱得上公平。法用於內外，不私自定曲直，所以可以稱得上公正。君主對於用法，不存有個人的私心的好惡，所以可以作爲命令。稱輕重纖微不差，正曲直鍼鋒不失，直施正邪，不自避險。姦人不能曲，讒邪不能亂。德沒有辦法看見，怨沒有辦法藏起。這是任術的人開釋人心的方法，眞正爲治的人是不取的。

〔分析〕

任誠爲治的君主，可以不言而教，不令而行；任術爲治的君主，雖至公至平，然有智窮之時。所以治在道而不在智；任在誠而不在術。

㈩得其宗者應物無窮

船浮行於水上，車轉行於陸地，這是自然的情勢。車撞上木頭會使車軸斷折，船遇到水面險惡曲折會使船破損，但是不怨恨木石，而怪罪駕車操船的人技術的好壞，那是因爲木石沒有巧詐的緣故啊！所以說：道有了智就會生惑，德生了心就會變險。心裏有了成見就會迷於物。兵器最利的都比不上心，像莫邪那樣的利劍，反而爲下了；兵沒有比陰陽再大的了，像抱鼓那樣的戰具，反而爲小了。現在所說的權衡規矩，都有一定的標準而不可加以更改的。更不會爲秦楚改變節度，也不會爲胡越改變容量，永遠一致而沒有偏差，永遠通行而沒有變化，一旦定了標準，萬世都可以相傳。用無爲做作爲，所以國家有滅亡的君主，而世上沒廢除的大道。人有困窮的時候，而大道沒有不通的時候。由以上看來，無爲是道的宗主。如果能夠得到道的宗主，就可以應物無窮了。

〔分析〕

世事紛擾，經緯萬端，如果不能秉道執要，就永遠不能得到頭緒。所以得到道的宗主，才可以應物無窮的。

(二)垂拱而治勝於有爲

做人君的方法，就像天田星的祭主，莊嚴而不說話，能夠吉祥受福。所以得道的人，不會爲醜陋而文飾美麗，也不會假作僞善騙人。一個人破他不顯大，萬人蒙他而不顯小。所以難爲恩惠，亦難爲暴虐，那麼治道就可以通順了。爲恩惠的人喜歡布施，那末沒有功勞的人而加以重賞，沒有出力的人而封他高位。這樣，守職的人就會對公事懈怠，而那些游居的閒人就會汲汲乎前進了。爲暴虐的人隨便殺人，沒有罪的人而使他死亡，行爲正直的人使他受刑。這樣，修身的人就會不自勉勵，而那些作爲邪惡的人就會輕刑而犯上了。所以說爲恩惠就會產生姦邪，爲暴亂就會產生混亂，姦邪暴亂的習俗，就是亡國的風化。所以英明的君主治理國家，國家有誅殺的刑罰發生，依法而行，而君主不必發怒。朝廷上有賞賜的事發生，因功行賞，君主不必讚美。這樣，受誅的人不怨恨君主，因爲他是罪有應得啊！受賞的人不感激君主，因爲他是功該受賞啊！天下的百姓，都知道懲罰和獎賞，全是由於自己的作爲。因此就會專心去建功立業，而不受賜於君主。所以朝廷之上，荒蕪而沒有人迹。可是，田野裏面卻全部開闢了而沒有蕪草。太古的上世，下知的人，都能有這樣的治術。現在的君主，像橋直植立不動，使下民俯仰取法；人主靜漠而不浮躁，百官自然能夠各安其職了。就像軍中持令旗的人一樣，如果亂指揮就要失去秩序了。因爲小的恩惠不能夠使國家大安，小的聰明不能夠轉危爲安。與其說讚美唐堯而毀謗夏桀，反而不如掩蓋聰而修自然的大道了。能夠清靜無爲，天就會給他良時，清廉儉省而守節制，地就會替他生財。君主處於拙位而行德，聖賢的大臣就會替他謀劃一切。所以能下物的人，萬物都歸附他，能虛心的人，天下的人都和他在一起。所以君主治理天下，清明而不闇昧，虛心而施柔術，羣臣就會全體努力，不分愚笨、聰明，賢或不肖，沒有不盡他的能力去做的，這樣國家還怕治不好嗎？

〔分析〕

君主只要能夠清靜無爲，百事皆可任於臣下，自然能夠達到垂拱而治的目標，何必自己勞神苦思，代替百司的職役呢？

㈢恩澤不同所報亦異

從前豫讓是晉國大夫中行文子荀寅的臣子，智伯攻伐中行氏，併吞了中行氏的土地，豫讓背離了他的主人中行氏，而歸順爲智伯的臣子。後來智伯和趙襄子，大戰於晉陽城下，結果戰敗，身死被殺，晉國分成了韓、魏、趙三國。豫讓要替智伯報仇來殺趙襄子，漆自己的身體裝作癩病，呑吃木炭使自己聲音變啞，拔掉自己的牙齒使自己的容貌變樣。僅是一個人的心，而事奉兩個主人，一個是背離他而去，一個是爲他殉身而死，這難道是豫讓的行爲，有趨捨厚薄的不同嗎？這是人主的恩澤不同，而使他這樣的啊！

〔分析〕

人主待下，施恩多者，報必重，施恩寡者，報必輕。何況於無恩呢？見豫讓之報智伯和中行氏的不同，就可以深會於心了。

㈢德加於民則令行

殷紂王兼有天下，使諸侯來朝，人迹能到的地方，船隻所通的地方，沒有不賓服的。可是，周武王用了甲卒三千人，擒捉殷紂王在牧野。這難道是周的百姓願意死節，殷的百姓喜歡背叛嗎？這是因爲周武的德義厚加給百姓，號令能夠推行的緣故啊？

〔分析〕

老子說：將欲取之，必先予之。想要百姓聽命，必先施德於民，民受其德，自然思報君恩，這就是周武王戰勝於牧野的原因了。

㈣無恩而用民如無雨而求稼

風吹得勁疾，波浪就會興起；樹木長得茂盛，飛鳥就會聚集，這是因爲有相生的氣在啊！所以，臣下不能夠在君主那裏得到他的欲望，君主也不能夠從他臣下得到所求的事。君臣之間所施的，是相報答的一種情勢。所以，做臣子的，盡力死節來替君主出力，做君主的，就計算他的功勞把爵位賞給臣下。君主不能賞沒有功勞的臣子，臣子也不能替無德的君主死難。君主的恩不能夠下及於百姓，而想要用百姓，不就像鞭打絆脚的馬嗎？不是像沒有下雨而就要求稼熟嗎？這是一定不能夠做到的方法啊！

〔分析〕欲相爲用，必須以恩相結。否則，將會徒勞而無功。

㗊人君必須日月之明

做君主的人，他的態度，就像日月那麼明亮，天下的人，大家都側目而看他，傾耳而聽他，伸着脖子，擧着脚跟而看他。所以做君主的人，不是澹漠無欲，就不能夠明他的德性。不是安定淸靜，就不能夠負重致遠。不是以寬大爲懷，就不能夠覆蓋天地。不是慈悲厚道，就不能夠懷柔羣衆。不是公平正直，就不能夠統御決斷。

〔分析〕做君主必須澹漠以明德，寧靜以致遠，寬大以兼覆，慈厚以懷衆，平正以判斷。這五點可以說做君主的必具要件。

(六)賢君用人之法

賢君用人的方法，就像巧工的裁鋸木料一樣，大的木材，可以做舟船柱樑，小的可以做楫楔，長的可以做屋檐，短的可以做柱上橫木。不分大小長短，都能得到它合適的用處。而規矩方圓，各有所用。天下的東西，沒有比雞毒再凶的了，但是好的醫生用囊橐把它裝起來收藏，雖然是毒物，但是它是有用的。所以林莽中的材料，還沒有可以拋棄的，況且是人呢？現在朝廷所以不舉薦他，鄉里之中所以不稱讚他，並不是這個人不好，是因給他的官和他的職務不合。就像鹿上山的時候，獐都趕不上牠，等到牠下山的時候，牧童小孩都能追上牠。這就是說明了才能是有長短的啊！所以有雄才大略的人，不可以責求他快巧，有小聰明的人，不可以交付給大責任。人有他一定的才華，物有一定的形態。有的人擔任一件工作而認爲太重，有的人擔任衆事而覺得還輕。所以詳察毫釐之數的人，一定會失去天下的大數。不會失去小事選擇人，對於舉大事，一定會迷惑。譬如說，狸貓不可以使牠去抓牛，而猛虎也不可以使牠去抓老鼠。

〔分析〕

人的才能有大小偏全的差別，賢君取才，必須要看才能的大小，任事的能力，而決定賦予職務。如此，就能够各盡所能，展其所學，事功自然而成。反之，如錯用其才，就會所在皆失了。

(七)人宜盡其才

現在有一個人，他的才幹，或許能夠平定九州，兼併九州以外的地方，使危亡的國家存續，使將要斷絕的世代延續。心裏存着使道直而不枉，使邪正而不僻，解決煩苛，理出雜亂。可是在這個時候，卻要求他閨閣中的細微禮節，深室之中的態度。或是有諂佞巧詐的小才幹，以諂媚求進，以愉悅取容，隨從着鄉里的習俗和同流俗，用卑下的方法瞞過衆人的耳目。可是，反而把任天下的大權交給他，治亂之機全由他決定。這不是像用斧來剪毛髮，用刀來砍樹木嗎？全部失去了合適而恰當方法啊！

〔分析〕

才能不可錯用，錯用了才能，不但浪費了個人的能力，同時也使國家受到了大的損失。因此，有大才者不可苛求其小疵，爲小具者不可任之以大事，兩皆不宜也。

㝉是非分別不在貴賤

做人君的，用天下人的眼睛看，用天下人的耳朵聽，用天下人的智慧慮，用天下人的力量爭。這樣號令能夠下得澈底，而臣下的實情能夠上達於君主。百官做事順利，羣臣歸依君主。君主喜歡的時候不隨便賞賜，發怒的時候不隨便加罪。所以威武嚴厲的權威建立而不失。聰明顯示在先而不會被遮蔽。法令明察而不過分苛求，耳朵眼睛通達而不蔽塞。善惡的情況，天天陳列在前面，而不起反感。這樣，賢能的人自然盡他的智力，不賢的人也會盡他的力量。君主的道德恩澤徧施於羣臣而沒有偏差，羣臣們也會勉力於自己的事務而不怠惰。居近的百姓，使他們安居樂業，遠方的人民，讓他們懷來歸之德。君主能夠做到這樣的地步，是什麼原因呢？這是因爲他得到了用人的方法，而不是專靠自己的才能的。所以懂得假藉車馬來代步的人，脚不用勞動，就可以遠達千里。懂得用舟船來代行的人，可以橫渡江河。所以，君主的心意，沒有不希望總集海內的智慧，盡天下人的力量。可是，羣臣希望達到效忠的，很少沒有不危害他的生命的，假使他說的對，就是地位低賤的人，也不可拋棄他的話；假如他說的不對，就是貴爲卿相人君，出計謀在朝廷之上的人，也不一定可以採用。是非是應該有標準的，不可以因爲貴賤的不同而妄加改變啊！

〔分析〕

君主不僅要安近撫遠，更要明辯是非，而是非之別，在於真理，而不在人之貴賤高下。卑者所言是，不因其卑而非之；貴者言非，不因其貴而是之。如此，天下就有善言可聽了。

(九)親佞疏忠不可以保天下

一位英明的君主，信任他的羣臣，只要他們的計畫可以用，而不論他們的地位高低。只要他們的話可以實行，而不責求他們的話是否是美辭。不明的君主就不是這樣了，他所喜愛熟習而親近的人，雖然是邪曲不正的人，他也不能發現。和他疏遠而地位低賤的人，就是竭盡心力，忠心耿耿，他也沒有辦法了解。有建言的人，禁止他不讓他說，有諫諍的人，就用罪名誅罰他。這樣的君主，想要光照海內，保存天下，不是像塞住耳朵來分辨宮商的清濁，掩住眼睛來看青黃的顏色嗎？這樣的君主，離開聰明可以說太遠了。

〔分析〕

明君能辨忠姦善惡，闇主但知愛私疏賢。二者的差別，明君可以治國安民，闇主足以亡國敗家。

㈢法之所禁不分貴賤

法律是天下的度量，是君主行事的標準，懸設法律的目的，是希望有法律的禁止而不用法律；設獎賞的目的，是希望藉着獎賞來獎賞應該獎賞的人。法律規定了以後，合規矩的就賞，不合法的就罰。同時在賞罰的時候，對尊貴的人不會因爲他的地位高而減輕他的罪；對卑賤的人不會因爲他的地位低而加重他的刑。只要是犯法的，雖然是賢人，一定要罰；守法的人，雖然是壞人，一定沒有罪。這樣就能夠使公道通行，而使邪行阻塞了。

〔分析〕

法律是講平等的，所以在法律之前，是不分貴賤的。如果人君能够守此原則，一定能够行公杜邪了。

㈡禁勝於身令行於民

古代設置理官主管法律，是爲了禁止人民，使他們不可以任意放恣做爲。所以立君主的原因，是爲了裁制理官，使他不可以任意擅行。法典和禮義的作用，可以禁止君主，使他不可以擅自專斷。人不能夠任意放恣，就會使道勝，道勝了，理自然就通了，所以能夠回到無爲的階段。無爲的意思，並不是說讓大家停下來沒有任何動作，而是說各種政令不必由自己親手去做而已。寸是由秒產生的，秒是由日產生的，日是由形產生的，形是由景產生的，這是量度的根本原理。樂是由音而產生的，音是由律而產生的，律是由風而產生的，這是聲產生的根本原則。法產生於義，義產生於衆適，衆適是能夠合乎大家的心意，這是治理國家的簡單道理。所以，能夠通達根本的人，就不會爲枝末所亂，能夠了解要點的人，不會被繁多所迷惑。法並不是天上掉下來的，也不是地上生出來的，而是產生在人間，人用它作爲恢復自正的法則。所以，自己有聰明才智的人，對沒有聰明才智的人不加以非毀批評；自己沒有聰明才智的人，也不妄加責求而加罪於人。君主爲人民所立的法律禁令，自己也要遵守。禁止百姓的法律，君主也不可以觸犯。古代所說的亡國，並不是沒有君主，而是沒有法律。變法的，並不是沒有法，而是有法不用，有法不用，不是和沒有法一樣嗎？所以君主立法，先要約束自己，使自做一個標準的模範，所以可使法令貫徹通行於天下。孔子曾經說過：做君主的人自己行爲端正，不必下令就能夠使百姓跟着去做；君主如果自己行爲不端正，雖然是用命令強迫也不能使百姓跟着去做。所以，凡是不敢親身觸犯法令的君主，那麼法令就可以貫徹實行到民衆身上了。

〔分析〕

法以平等爲貴，所以必須上下共守。如果失去這個原則，法就不能貫徹了。不能貫徹的法，不是等於無法嗎？無法的國家，亂必可知了。

『中國歷代經典寶庫』《青少年版》出版的話

一個中國古典知識大衆化的構想

◉高上秦

許多討論或研究中國文化的學者，大概都承認一樁事實：中國文化的基調，是傾向於人間的；是關心人生，參與人生，反映人生的。我們的聖賢才智，歷代著述，大多圍繞著一個主題，治亂興廢與世道人心。無論是春秋戰國的諸子哲學，漢魏各家的傳經事業，韓柳歐蘇的道德文章，程朱陸王的心性義理；無論是貴族屈原的憂患獨歎，樵夫惠能的頓悟衆生；無論是先民傳唱的詩歌、戲曲、村里講談的平話、小說……等等種種，隨時都洋溢著那樣强烈的平民性格、鄉土芬芳，以及它那無所不備的人倫大愛；一種對平凡事物的尊敬，對社會家國的情懷，對蒼生萬有的期待，激盪交融，相互輝耀，繽紛燦爛的造成了中國。平易近人、博大久遠的中國。

可是，生爲這一個文化傳承者的現代中國人，對於這樣一個親民愛人、胸懷天下的文明，這樣一個塑造了我們、呵護了我們幾千年的文化母體，可有多少認識？多少理解？又有多少接觸的機會，把握的可能呢？

一般社會大衆暫且不提，就是我們的莘莘學子、讀書人，受了十幾年的現代教育以後，究竟讀過幾部歷代的經典古籍？瞭解幾許先人的經驗智慧？當年林語堂先生就曾感嘆過，現在的大學畢業生，連「中國幾種重要叢書都未曾見過」，遑論其他？

特別是近年以來，升學主義的壓力，耗損了廣大學子的精神、體力；美西文明的風行，導引了智識之士的思慮、習尚；電視、電影和一般大衆媒體的普遍流通，更造成了一個官能文化當道，社會價值浮動的生活形態。美國學者雷文孫所說的當代世界是一個「沒有圍牆的博物館」，固然鮮明了這一現象，但眞正的問題，卻在於我們的根性尚未紮穩，就已目迷五色的跌入了傳播學者所批評的「優勢文化」的輻射圈內，失去了自我的特質與創造的能力。

何況，近代的中國還面對了內外雙重的文化焦慮。自內在而言，白話文學運動固然開發了俚語俗言的活力，提升了大衆文學的地位，覺悟到社會羣體的知識參與力，却相對的減損了我們對中國古典知識的傳承力；以往屬於孩童啓蒙的「小學」教育，屬於讀書人必備的「經學」常識，都在新式教育的推動下，變得無比艱澀與隔閡了。自外在而言，五四以來的西化怒潮，不斷開展了對西方經驗的學習，對傳統意識的批判，意興風發的營造了我們的時代感覺與世界精神，爲我們的現代化打下了一定程度的基礎；它也同時疾風迅雨般衝刷著中國備受誤解的文明，削弱了我們的文化認同與歷史根源，使我們在現代化的整體架構上模糊了著力的點，漫漶了精神的面。

將近五十年前，國際聯合會教育考察團曾對我國教育作過一次深入的探訪，在報告書中，一針見血的指出：歐洲力量的來源，經常是透過古代文明的再發現與新認識而而達至；中國的教育也理當如此，才能眞實發揮它的民族性與創造性。

事實上，現代的學術研究，也紛紛肯定了相似的論點。文化人類學所剖示的，每一個文化都有它的殊異性與持續性；知識社會學所探討的，一個文化的强大背景與典範人物，常常是新一代創造者的「支援意識」的能源；而李約瑟更直截了當的說，除了科技以外，其他文化的成果是沒有普遍性的。在這裏，當我們回溯了現代中國的種種內在、外在與現實的條件之餘，中國文化風格的深透再造，中國古典知識的普遍傳承，更成了炎黃子孫無可推卸的天職了。

「中國歷代經典寶庫」青少年版的編輯印行，就是這樣一份反省與辨認的開展。

在中國傳延千古的史實裏，我們也都看到，每當一次改朝換代或重大的社會變遷之餘，都有許多沈潛會通的有心人站出來，顚沛造次，心志不移的汲汲於興滅繼絕的文化整理、傳道解惑的知識普及——孔子的彙編古籍、有敎無類，劉尚的校理衆書、編目提要，鄭玄的博古知今、遍註羣經；乃至於孔穎達的「五經正義」，朱熹的「四書集註」，王心齋的深入民衆、樂學敎育……他們或以個人的力量，或由政府的推動，分別爲中國文化做了修舊起廢、變通傳承的偉大事業。

民國以來，也有過整理國故的呼籲、讀經運動的倡行；商務印書館更曾經編選印行了相當數量、不同種類的古書今釋語譯。遺憾的是，時代的變動太大，現實的條件也差，少數提倡者的陳義過高，拙於宣導，以及若干出版物的偏於學術界或知識份子的需要；這一切，都使得歷代經典的再生，和它的大衆化，離了題，觸了礁。

當我們著手於這項工作的時候，我們一方面感動於前人的努力，一方面也考慮了當前的需求，從過去疏漏了的若干問題開始，提出了我們這個中國古典知識大衆化的構想與做法。

我們的基本態度是：中國的古典知識，應該而且必須由全民所共享。它們不是知識份子的專利，也不是少數學人的獨寵，我們希望它能進入到大衆的生活裏去，也希望大衆都能參與到這一文化傳承的事業中來；何況，這些歷代相傳的經典，又有那麼多的平民色彩，那麼大的生活意義——說得更澈底些，這類經典，大部份還是平民大衆自身的創造與表現。大家怎麼能眼睜睜的放棄了這一古典寶藏的主權呢？

爲此，我們邀請的每一位編撰人，除了文筆的流暢生動外，同時希望他能擁有古典的與現代的知識，並且是長期居住或成長於國內的專家、學者，對當前現實有一適當的理解與同情。在這基礎上，歷代經典的重新編撰，方始具備了活潑明白、深入淺出、趣味化、生活化的蘊義。

也是爲此，我們首先爲這套書訂定了「青少年版」的名目。我們也曾考慮過一些其他的字眼，譬如「國民版」、「家庭版」等等，研擬再三，我們還是選擇了「

青少年版」。畢竟，這是一種文化紮根的事業，紮根當然是愈早愈好。在最有吸收力、閱讀力的年歲，在最能培養人生情趣和理想的時候，我們的青少年朋友就能與這些清澈的智慧、廣博的經驗為友，接觸到千古不朽的思考和創造，而我們所謂的「中國古典知識大衆化」，才不會是一句口號。

這也意味了我們對編撰人寫作態度的懇盼，以及我們對社會羣體的邀請。但願透過這樣的方式，讓中國的知識、中國的創作，能夠回流反哺，回到每一個中國家庭裏，使每一位具有國中程度以上的中華子民，都喜愛它、閱讀它。

我們深深明白中國文化的豐美，它的包容與廣大。每一時代，每一情境，都有不同的創作與反省；它們或驚或嘆、或悲或喜，或溫柔敦厚、或鵬飛萬里，雖然形式多端、訴求有異，却絲毫無損於它們的完美與貢獻。這也就確定了我們的選書原則：盡可能的多樣化與典範化。像四庫全書對佛典道藏的排斥，像歷代經籍對戲曲小說的貶抑，甚至多數人都忽略了的中國的科技知識、經濟探討、敦煌遺墨，都是我們所不願也不宜偏漏的。

就這樣，我們在時代意義的需求、歷史價值的肯定、多樣內容的考量下，從廿五萬三千餘册的古籍舊藏裏，歸納綜合，選擇了目前呈現在諸位面前的六十五部經典。這是我們開發中國古典知識能源的第一步，希望不久的將來，我們能繼續跨出第二步、第三步……

我們所以採用「經典」二字爲這六十五部書的結集定名，一方面是——說文解字所解釋的，「經」是一種有條不紊的編織排列；廣韻所說的，「典」是一種法，一種規則。它們的交織運作，正可以系統的演繹了中國文化的風格面貌，給出我們日常行爲的規範，生活的秩序，情感的條理。另一方面——也是採用了章太炎先生的說法：它們是「當代記述較多而常要翻閱的」一些書。我們相信，中國文化的恢宏壯麗，必須在這樣的襟懷中才能有所把握。

與這個信念相表裏，我們在這六十五部經典的編印上，不作分類也不予編號。這套經典對我們是一體同尊的，改寫以後也大都同樣親切可讀，我們企冀於提供的，是一套比較完備的古典知識。無論古代中國七略四部的編目，或現代西方科技分類的正名，都易扭曲了它們的形象，阻礙了可能的欣賞，這就大大違反我們出版這套書的諦旨了。

但在另一重意義上，我們却分別爲舊典賦予了新的書名，用現代的語言烘托原書的精神，增進讀者對它的親和力；當然，這也意味了它是一種新的解釋，是我們以現代的編撰形式和生活現實來再認的古典。

也是在這種實質的，閱讀的要求下，我們不得不對原書有所去取，有所融滙與變通。譬如，原典最大的「資治通鑑」，將近三百卷的皇皇巨著，本身就是一個雄偉的書中帝國，一般大衆實難輕易的一窺堂奧。新版的「帝王的鏡子」做了提玄勾要的梳理，形式也類同袁樞「通鑑紀事本末」的體裁，把它作了故事性的改寫，雖然字數濃縮了，却在不失原典題旨的照顧下，提供了一份非專業的認知。其他的部份經典，也有類似的寫法。這方面，歐美出版界倒有不少可供我們借鑑的例子。遠的不談，就以湯恩比的「歷史研究」來說，前六册出版了未及十年，桑馬威爾就爲它作了濃縮至六分之一的大衆節本，暢銷一時，並曾獲得湯氏本人的大大讚賞。我們的作法雖不必盡同，但精神却是一致的。

再如原書最少的老子「道德經」，這部被美國學者蒲克明肯定爲未來大同世界家喩戶曉的一部書，短短五千言，我們却相對的擴充、闡釋，完成了十來萬字的「生命的大智慧」。又如「左傳」、「史記」、「戰國策」等書，原有若干重疊的記述，經過編撰人的相互研討，各有删節，避免了雷同繁複。……由於歷代經典的繽紛多彩，體裁富麗，筆路萬殊，各編撰人曾有過集體的討論，也有過個別的協調，分別作成了若干不同的體例原則，交互運用，以便充分發皇原典精神，又能照顧現實需要，爲廣大讀者打出一把把邁入經典大門的鑰匙。

無論如何，重新編寫後的這套書，畢竟仍是每一位編撰者的心血結晶，知識成果。我們明白，經典的解釋原有各種不同的學說流派，在重新編寫的過程裏，每一位編撰者的參酌採用，個人發揮我都寄寓了最高的尊重。

除了經典的編撰改寫以外，我們同時蒐集了各種有關的文物圖片千餘幀，分別編入各書。在這些「文物選粹」中，也許更容易讓我們一目了然的感知到中國：那樣樸素生動的陶的文化，剛健恢宏的銅的文化，溫潤高潔的玉的文化，細緻優美的瓷的文化；那些刻寫在竹簡、絲帛上的歷史，那些遺落在荒山、野地裏的器物；那些意隨筆動的書法，那文章，那繪畫……正如浩瀚的中國歷代經典一般，那一樣不足以驚天地而泣鬼神？那一樣不是先民們偉大想像與勤懇工作的結晶？看起來，它們是一幅幅獨立存在的作品，一件件各自完整的文物，然而它們每一樣都代表了中國，都煥發出中國文化緜延不盡的特質。它們也和這些經典的作者一樣，是彼此相屬、相生、相成的。

這套書，分別附上了原典或原典精華，不只是強調原典的不可或廢，更在於牽引有心的讀者，循序漸進，自淺而深。但願我們的青少年，在舉一反三、觸類旁通之餘，更能一層層走向原典，去作更高深的研究，締造更豐沛的成果；上下古今，縱橫萬里，爲中國文化傳香火於天下。

是的，我們衷心希望，這套「中國歷代經典寶庫」青少年版的編印，將是一扇現代人開向古典的窗；是一聲歷史投給現代的呼喚；是一種關切與擁抱中國的開始；它也將是一盞盞文化的燈火，在漫漫書海中，照出一條知識的，遠航的路——

也許，若干年後，今天這套書的讀者裏，也有人走入這一偉大的文化殿堂，與先聖先賢並肩論道，弦歌不輟，永世長青的開啓著、建構著未來無數個世代的中國心靈！

歷史在期待。

（民國六十九年歲末於臺灣臺北）

附記：雖然，編輯部同仁曾盡了最大的力氣，但我們知道，這套書必然仍有不少缺點，不少無可避免的偏差或遺誤。我們十分樂意各界人士對它的批評、指正，這不僅是未來修訂時的參考，也將是我們下一步出版經典叢書的依據。

總目錄

袖珍本50開中國歷代經典寶庫59種65冊

總目錄

袖珍本50開中國歷代經典寶庫59種65冊

總目錄

袖珍本50開中國歷代經典寶庫59種65冊

【開卷】叢書古典系列
中國歷代經典寶庫　淮南子（上）

編 撰 者──呂　凱
校　　對──呂　凱・周淑貞
董 事 長
發 行 人──孫思照
總 經 理──莫昭平
總 編 輯──林馨琴
出 版 者──時報文化出版企業股份有限公司
10803台北市和平西路三段240號三樓
發行專線──（02）2306-6842
讀者服務專線──0800-231-705・（02）2304-7103
讀者服務傳眞──（02）2304-6858
郵撥──19344724 時報文化出版公司
信箱──台北郵政79～99信箱
時報悅讀網──http://www.readingtimes.com.tw
電子郵件信箱──liter@readingtimes.com.tw

印　　刷──凌晨印刷股份有限公司
袖珍本50開初版──一九八七年元月十五日
三版五刷──二〇〇七年十月二十三日
袖珍本59種65冊
定價新台幣單冊100元・全套6500元

⊙行政院新聞局局版北市業字第八〇號

ISBN 957-13-1480-3

國立中央圖書館出版品預行編目資料

淮南子 : 神仙道家 / 呂凱編撰. -- 二版. --
臺北市 ; 時報文化, 1994[民83]
冊 ; 公分. -- (開卷叢書. 古典系列)(中
國歷代經典寶庫 ; 60-61)
ISBN 957-13-1480-3(上冊 : 50K平裝)

1.淮南子 - 通俗作品

122.2 83011330